人活着的唯一价值，是行动。

—— 萨特

世界文化艺术
伟人传记丛书

千面人萨特
Sartre

（法）索菲·里夏尔丹著
韩沪麟　译

作家出版社

献给亚斯米娜和斯万

萨特，世纪伟人……

作为近代社会民权的捍卫者，可以非常肯定地说，让-保尔·萨特用他的文字诠释了二十世纪初出生的整整一代人，甚至诠释了他们的子孙后代的恶劣生存环境、反叛和犹疑不定的精神面貌，在此之前，他们所渴望的自由已被格式化了。这些男男女女在日常生活中经受了把上一个世纪搅得天翻地覆的两次战争所带来的苦难，在很大程度上，都各自认同了思想家们的种种哲学思想，因为这些思想为他们打开了崭新的生活道路，展示出前所未有的人生蓝图。法国1968年5月爆发的一场气势磅礴的群众运动，其焦点就集中体现在这股自由化的浪潮之中，始作俑者正是继承了传统和中庸的思想模式的青年一代。自由、存在主义、女权主义、反殖民主义、马克思主义、介入社会……有太多的伟大思想提供给那些思索人生、思索人类生存环境的人们作为参考，因为他们天生拥有一种权利，那就是选择的权利！

没有哲学，没有文学、戏剧、新闻工作，总之，没有文字，萨特就什么也不是。正当人们远离了这些东西时，这位卓尔不凡的哲学家把思想重点转移到政治和社会层面上，他毅然决然地介入到震撼二十世纪的种种伟大事业之中，这同时也

前言

标志着萨特进入公众生活领域了。这位当今的苏格拉底，被不少人斥之为社会发展的绊脚石，不管他达到了什么高度，在我们看来，他是以最真诚的信念，传播了这样一种思想：我们是自己命运的主人，我们有选择与行动的权利。

当人们从未理解何为思想自由时，就更谈不上主宰自己的命运了；于是对他们的有争议的行动做出判断是很困难的。与伏尔泰、雨果的光辉形象一样，萨特是应该被放进“介入性”伟大人物的瞻仰圣殿的。是理性的“介入”而不是非理性的“疯入”；因为萨特头脑敏锐、思想清晰，睿智而真诚的特质又掺杂了他自身的一些缺陷，这就最终导致他在自己选择的、充满矛盾的人生道路上出类拔萃。这个人献身于他念兹在兹的事业，从不顾及自己的行为是否会为他的众多的诽谤者提供什么口实！他是一个活生生的人，不断地在反省自己的选择。再说，他也一直在索取犯错误、彷徨歧途、自由改变观点的权利。纵观他的一生和他的与生命密不可分的作品，他的主要矛盾都写在他的戏剧《禁止旁听》谢幕时的一句经典名言“他人即地狱”之中了，写在与他的同时代人的慷慨大度、幽默风趣、也许还不乏缠绵悱恻的人际交往之中了。

索菲·里夏尔丹

目录

······萨特的形成是一个逐渐发现自我的过程。这个被母亲宠爱的小家伙，长着一头金黄色鬈发，其实是一个爱吹大牛、虚张声势、聪明过人的孩子。创造者、哲学家、演说家在庸常的童年中渐渐脱颖而出，于是让－保尔·萨特在小宝贝的心目里将开花结果······

1

构建中的一个思想体系

……“我在安娜—玛丽·斯威泽和夏尔·斯威泽的双重影响和炽热的亲情中，在他俩的合谋和冲突中度过了我的青年时代……”

小宝贝还不满一岁，
但已失去了父亲。

小宝贝选择自己的路

很难想象，一位在二十世纪的思想界产生了最大影响的人以前曾是一个长着一头金色鬈发、一张红扑扑圆脸的小男孩！他出生在一个在教育界供职的知识分子家庭，他的叔叔阿尔贝·斯威泽是诺贝尔和平奖的获得者；萨特在与他的年龄不相称的阅读中吸取养料，明确了自己的方向，并且终生不渝。

“让－巴蒂斯特·萨特是一个海军军官，1904年，在法国一个海军军港谢尔堡已经严重感染了亚洲的一种猩红热，此时，他结识了安娜－玛丽·斯威泽，占有了这个无依无靠的大姑娘，娶她为妻，并且与她很快生下一男孩——就是我，随后便等待死神的来临了。”让－保尔·萨特出生于1905年6月，他过早地成了孤儿，父亲在他还不到一岁时便离开了人世。

他的母亲年纪轻轻就守寡了，在二十四岁那年，回到在巴黎的娘家。“我有一个大姐姐，那就是我的母亲。”萨特在《文字生涯》一书中写道。他与母亲同住一个房间，一起玩游戏，一起分享小小的秘密；安娜－玛丽和她的小宝贝在与外界隔绝的小天地里相依为命，相濡以沫。

斯威泽先生拥有德文专业文凭，热情地欢迎他的女儿归来，还有那个被他戏称为“宝贝”的孩子。小保尔就是在这位爱好文学的知识分子身边发现文学的乐趣，并且从此着迷了。他呆在他称之为他的“栖息地”，事实上也就是他们一家居住的位于巴黎时尚区一栋房屋七楼的一个套间，萨特废寝忘食地阅读着。外祖父斯威泽的图书室里藏有数千册图书。“我信的宗教，就是阅读；我的圣殿，就是图书室。”

海军军官让－巴蒂斯特·萨特死于在亚洲感染的猩红热。

……“有人对我说，我很漂亮，而我相信了……”

金黄色的鬈发下长着一张可爱的笑脸，小让－保尔·萨特已经意识到自己的魅力了。

调皮的小坏蛋

有关萨特丑陋的最尖刻的评价还是他本人说的。他个子矮小，不讨人喜欢，然而他神奇的魅力是激动人心的，直至他去世后二十年仍魅力不减。与战后的甘斯堡有些相像，这位作家、哲学家在他的一生中与许多美妇佳人保持着亲密的关系，这些女人无一例外都具有出众的才智……

“小宝贝”是他的母亲安娜－玛丽·斯威泽和他的外祖父夏尔·斯威泽又疼又爱的孩子，萨特在充满爱心的家庭的照看下，对自己的天分有点儿飘飘然，他从小就对自己先天的魅力深信不疑。家人仔细梳理小保尔一头金黄色齐肩的鬈发，他很快就相信自己的诱惑力了……但他仍然对与他同类型孩子的力量和俊美心驰神往，这些孩子在卢森堡公园打架，他从不参与。这时，他已经会管束自己了。

萨特一直敬重的疼爱自己的外祖父，夏尔·斯威泽。

他的外祖父的权威是毋庸置疑的，他能决定小外孙的任何选择，他断然把他的头发剪短了，这简直是一个“灾难”。他的母亲发现儿子变成了另一个人，不那么招人喜欢了，痛心疾首！“上天把一个天使托付给她，别人却把他变成了一个癞蛤蟆。”他在他青年时代的自传——《文字生涯》一书中是这样写的。

不管让－保尔·萨特对自己的外形是如何评价的，在他整个一生中，包括在他年事已高、疾病丛生的最困难的时期，在他那虚弱的外表下，他仍然透露出他那不可抗拒的魅力，最大限度地体现出人的深邃、敏感、豁达的思想本质。“我开始走极端，发现自己长得丑，”他在《文字生涯》中坦诚地写道，“这些将是我叛逆的根源，是使一个好孩子解体的一摊生石灰水。”

……为了吸引他的同班同学，萨特会想出点子疯玩……

斯威泽家属于传统的中产阶级阶层。这是一家人在散步。

拉罗歇尔的地狱

他的母亲于1917年与约瑟夫·曼希再婚后，他们一家就定居在拉罗歇尔了。小宝贝不能认可自己的母亲除他而外还会爱上另一个男人，于是一个屋檐下的共同生活开始变得困难了。学校里的情形并不比家里强……

萨特进了四年级的拉丁－希腊文班，第一年成绩不甚理想，后来恢复到他读三年级时的水平。那时，他第一次得到了法文作文和拉丁语翻译的奖学金。萨特从此成为一个好学生，然而，他与他的同学格格不入，生活就像一场噩梦。

在学校里，他置身于一群孩子中间，与他们毫无共同语言。他们其中的大多数来自农村，或从商，或出身于中产阶级新教徒家庭。如同当时法国外省的城市一样，拉罗歇尔的居民是非常封闭自守的：他们只与同阶层的人往来，在本城的外乡人受到歧视。

在画家卡米尔·克罗的画笔下，拉罗歇尔很像宁静的勒阿弗尔，两者均是法国的海港；七十年后，萨特显然不赞同这个说法。

因此萨特很快就成为当地的“贱民”。他那口巴黎音被看成是做作，而他那身干净的衣着又透露出奢华与大城市的市民气。不止于此，他的老师个个都喜欢他，因此他的伙伴就有憎恨他的足够理由了。在整整两年间，他是班上的“出气筒”。不过他始终抱有幻想，希望大家接受他。为此，他没事找事，吹牛说谎，虚张声势。

他想方设法在他们感兴趣的领域，也就是在谈情说爱方面露一手。每个人都吹嘘自己有女友，并且与她们如何要好。小萨特则更胜一筹。他说，在巴黎，他有自己的小蜜，他俩经常下午开钟点房。为了证实他的说法，他甚至让他家的保姆给他写一封信，信中以他的女友身份与他重温了他俩一起度过的销魂的日子。这封信很快就在班上传开了。不过，萨特犯了一个严重的错误，他居然向他的一个同学透露他的欺骗行为。“从那时起，我就变成了一个真正的巴黎人了，换句话说，是一个会说谎、说话可笑、甚至感情也不可理喻的家伙。”

……萨特最初的成功得益于他那爱开玩笑的天性……

萨特和他的同学尼赞都是认真刻苦学习的好学生，但也是法国高等师范学校两个最调皮的男孩。

戏弄高手

萨特进入高师之后，闹出了层出不穷的恶作剧，让他的同学惊愕不已，也扰乱了学校正常的秩序。其中，他检举一个同学，说他像是一个罕见的杀人犯；之后，他又上演了一出惊动二十年代整个巴黎的大恶作剧。

人们很少在巴黎乌尔姆大街看见如此壮观的人群。有的行人询问人群聚集的缘由。“怎么啦，您还不知道？在《小巴黎人报》上已经写得再明白不过了！”夏尔·林贝尔格只身开飞机穿越北大西洋，从巴黎到纽约，所有人为之雀跃。他将被任命为高等师范学校校委会的名誉委员。媒体的宣传在不断扩大，始终聚焦在这个前途无量的年轻人身上。无休无止的采访、镁光灯闪个不停，史无前例的欢呼声，这一切都在欢迎征服大西洋的英雄到来。

可谁又会想到，接受如此巨大荣誉的人其实是一个名叫阿尔曼·贝拉尔的人，他是一位大学生，只是萨特巧妙地把他改名换姓了。在《小巴黎人报》上登载的消息谁也不会怀疑，这是让－保尔·萨特丰富的想象力的成果。他其实什么都预料到了：几家报纸将登载这个消息，出租车上的传闻，根本不存在的夏尔·林贝尔格……这次恶作剧大获成功，萨特在向西蒙娜·德·波伏瓦讲述这件事时得意极了：“公众向前涌动，一位老先生还亲吻他的手呢。”

事隔不久，媒体向学校领导发难了，他们不想把事情闹大，只是请校长朗松先生对他的学生严加管束；可怜的校长原本就意志消沉、精力不济，提出了辞呈。萨特终于可以吹嘘自己把媒体大大耍了一把，并且震动了一下现有的社会秩序。

夏尔·林贝尔格只身穿越北大西洋，他不知不觉也成了萨特的同谋。他的壮举让法国媒体激动不已。

……作为勒阿弗尔大学的教授，他失望极了：因为萨特对这个死板的角色厌恶透顶，他选择了反传统的路线……

勒阿弗尔大学的学生有幸有一位彻底反传统的人作为他们的老师；图中，让－保尔·萨特居中，双手插在裤袋里。

勒阿弗尔，直到令人作呕

萨特作为哲学教授在勒阿弗尔大学教了六年哲学，他的课堂成了浪漫的舞台，他的戏剧《恶心》里的主人公罗克丹在那里游荡。这部戏剧把作家推上了法国文学的顶峰。

1931年3月间，让－保尔·萨特被任命为勒阿弗尔大学哲学教授，他的教学方法与传统方法大相径庭，他在那儿一直待到1936年。他本想在日本的东京得到一个外籍辅助教师的席位，然而事与愿违，他居然被派往——几乎可以说被流放到德国。他失望极了。尤其令他失望的是，西蒙娜·德·波伏瓦仍然留在法国，在马赛分配到一个职位……两个年轻的哲学老师在相隔几百公里的地方各教各的书，只是到了星期四，他们才能在卢昂相会。

尽管萨特不喜欢教书生涯，但他还是利用他执教的机会写出他的第一部作品《恶心》。

萨特虽然厌恶刻板的教书角色，但更使二十六岁的年轻人不满的是，他不喜欢德国的生活。因此，他很快就沉溺在港口的酒吧里，或是带领他的学生到海滩上去晒太阳，甚至到城里的夜总会去！年轻的学子们当然是喜爱他的，他们喜欢他的反传统做派，除此而外，萨特还引导他们深入哲学，也许还使他们爱上自己，并涉足电影这一行。

不过，正是在勒阿弗尔大学，哲学家才认识了德国。他的所有著作中，都有罗素、海德格尔、克尔凯郭尔的身影；雷蒙·阿隆此刻在柏林工作，萨特在1934年至1935年间一直跟随着他。不过，萨特只是回到勒阿弗尔之后才灵感大发，是小说让他荣袍加身的。作家第三次全身心地投入到对滑稽老头罗克丹故事的研究之中，他把这段故事改编成《忧郁》。加斯东·伽里玛最后同意出版这部作品，他只是改了改书名，以《恶心》的书名在1938年出版。该书一炮打响。于是，萨特放弃了教职，从此开始了魔鬼般的文学生涯。

……在巴黎的舞台上，萨特的戏剧激发出人们的热情……

萨特与《阿尔托纳的隐居者》剧组的演员在讨论剧本；左面是塞尔热·瑞加尼，他扮演弗兰茨·冯·盖尔拉赫这个角色超过五百二十次。

萨特登上舞台

在写作哲学随笔、小说、报刊文章、宣言和小册子之外，让－保尔·萨特也执笔写了不少戏剧。而他又一次遭遇到猛烈的抨击。

萨特作为著名的剧作家，有一大群拥趸，也有为数相当的非议者。在十数年间，他对这个文学品种情有独钟。1943年，他的第一部名叫《苍蝇》的剧作被搬上了舞台，并且获得了令人瞩目的成绩。接着，剧作家灵感大发，《禁止旁听》、《死无葬身之地》、《毕恭毕敬的妓女》、《肮脏的手》等被先后搬上了舞台。关于他在戏剧方面的艺术成就，米歇尔·贡塔有过这样的评价："萨特的戏剧是建立在哲学思考之上的，它提出了这么一个问题，即我们在日常生活里都不自觉地在演戏，这究竟是怎么回事。"

他的一些戏剧作品让人有感而发，有的人则对此嗤之以鼻，就如唾弃他的随笔和小说一样，如著名作家塞里纳就对此恶语连连，著名作家弗朗索瓦兹·吉鲁则写得更巧妙些，而有的则对这些剧本推崇备至。《肮脏的手》暴露了酷刑血腥的场面，萨特已经尽量避重就轻了；《毕恭毕敬的妓女》引来评论如潮，最后不得不更改书名，变成《可尊敬的姬……》。

萨特的所有剧本都在安托瓦的戏剧舞台上演出，一些走红的演员纷纷在此亮相，如扮演《肮脏的手》中的主角雨果的弗朗索瓦·贝利埃。还捧出了一些女演员，都是萨特的"女友"。好管闲事的人说："他之所以写剧本，就是为了给她们上戏。"这些女演员中，有萨特深爱着的奥尔嘉·鲍斯特，她在《苍蝇》一剧里扮演埃莱克特；伊夫琳·雷出现在《阿尔图那城被非法监禁的人们》中，与塞尔热·瑞嘉尼串戏；而旺塔则在《禁止旁听》一剧中穿着爱斯泰尔这一个角色的服装演出。不过，只有这最后一个剧本被列入法兰西戏剧保留剧目之中，至今仍在周期性地上演。

萨特为演出他的剧本的剧组即兴照相。

……萨特的演说从容大度、口若悬河，他是当代真正的代言人；他不止一次令现场的听众如醉如痴……

1968年5月，大学生们走上街头，嘲笑政府机构，以及让他们反感的哲学家……

发言，发言，再发言……

让－保尔·萨特是当代真正的代言人，直到他生命终结之日，他都能以他那出口成章、生动而熟练的语言令听众如醉如痴……

可以毫不夸张地说，无论是萨特的忠实信徒，还是他的敌人，都被这位天才演说家非凡的雄辩才华征服了。他们之中有的是知识精英——不一定是他的圈子里的人——有的是他的公开的敌人，他们都一致同意这个说法。

对某些人来说，他热情性感；对另一些人来说，他严肃阴沉；对看不惯他的人来说，他又盛气凌人、不通人情，但不管怎么说，他的声音的特质是这位作家、哲学家、热衷于知识交锋的斗士真正介入的体现。与萨特对话，你一点也不会感觉到他拼命想压垮对方，在打口仗，而是明显地感觉到他在利用他那罕见的表达才能，他看重的是语言交流。在他的一生中，他积极寻求对话、会面、开会、发言的机会——他的发言经常被认为过于冗长了，这些都可证实这一点。

“萨特，请简短些！”这是1968年运动中激进的大学生在1969年2月贴在学生互助会讲台上的一句话，显然是针对这位冗长演说家的。其时，他们再次邀请他对使法国陷入相对混乱的运动的后果进行评估。但这句话使我们的哲学家非常恼火。其实这句话并无大错，因为那时另一些年轻人正集中在议会大厦着急地等着他们的开会结果，以便制定此后的行动计划。并没有人谴责萨特加入到另一个小团体中，事实上，他由于年龄太大、信念不尽相同，已经疏远了它。疏远的原因很可能是萨特不对，因为当时小团体的成员已经包围了巴黎大学，但萨特却认为他们的行动尚过于温和，分歧由此产生。

六十年代动荡时期的萨特。

……萨特的恋爱观也不同寻常，他拒绝他爱的女人有任何“顺从的表现”。

做爱时轻松愉快，彼此吸引，或是作心灵的交流，总而言之，每个与他交往的女人从他那儿都能得到温柔的体验，丰富了自己的感情生活……

2 女朋友们

……萨特与他的母亲一生相依为命，共同生活了二十多年……

在他俩的整个生命中，萨特与他的母亲始终保持着最密切的关系。

生命中的女人

萨特深深地爱着他的母亲，他一生都与她保持着密不可分的关系，甚至可以说如胶似漆，什么都影响不了他们，即便被冷落的继父也不行……

安娜－玛丽·斯威泽与前夫让·巴蒂斯特·萨特生下了让－保尔·萨特，守寡时还很年轻漂亮；1917年，她只有三十七岁，便再婚嫁给了工程师约瑟夫·曼希；她让他的儿子接受一个比较传统的生活方式与生活作风。母亲再婚后不久，他们便在拉罗歇尔安家了，小宝贝儿在那里上了四年级。新来的男人与这个小宝贝儿之间很快就不太融洽了。

让－保尔·萨特在小时候被称作“小宝贝儿”，留着长长的头发，在当时的小男孩中还是挺时尚的。

“我的母亲嫁给我的继父肯定不是出于爱情，这个男人也实在不怎么可爱，”萨特在叙说他年轻时代的自传《文字生涯》中不客气地写道，“这个男人高高瘦瘦的，黑头发，黑胡子，脸色阴沉，大鼻子，眼睛挺漂亮。大概有四十岁吧……”萨特是这样描述的，毫无感情色彩可言。随着时光的流逝，他们的关系勉勉强强地维持着。约瑟夫·曼希在七十岁那年，即1945年1月间突然去世，应该说萨特是暗自窃喜的。“小宝贝儿”收养了他的母亲，与她在波拿巴街四十二号的一套公寓里住下了。

安娜－玛丽·斯威泽第二次成了寡妇，在这之后，二十余年间，她就一心一意照料她的儿子，此刻的儿子已经成了一个传奇人物了。曼希太太仍然高雅脱俗，用路易十六时代风格的家具布置他们的公寓，并且买了一架钢琴，萨特经常在上面弹奏，为母亲，也为阿莱特·埃尔克汉姆，她是他家少数几个常客之一。萨特喜欢的生活方式是一成不变的：每个星期天与他的母亲共进午餐，餐桌上必有一道豌豆烤肉，直到1969年1月30日，母亲八十七岁仙逝为止。

……西蒙娜·约里飞是个热情奔放、好走极端的女孩，她拥有诱惑萨特的一切优势。美人觉得萨特的丑正是他的魅力所在……

萨特(左边)在1928年左右，那时他与"图卢兹"交往甚密。

因丑而受到青睐……

1925年夏天，萨特失去了他年轻的表妹安妮·拉那，她因患肺结核离开了人世。在他的家庭圈子里，她是唯一一个让萨特感到可亲的人。表妹下葬后的一次午宴上，萨特听着当地的公证人和医生在说话，感到百无聊赖。就在此刻，他结识了西蒙娜·卡米亚·尚斯，一个令人惊叹的女人，后来，她以西蒙娜·约里飞的名字闻名于世。

这位少妇才二十一岁，住在图卢兹。在萨特和他的朋友那儿，他们干脆就叫她“图卢兹”。这个药剂师家庭出身的女孩既崇尚美又放荡不羁，以折磨男人为乐。这个夜间游荡又极端自恋的女人，净打情人主意，且换个不歇。她无法忍受简单平庸的生活。

1925年的一天，她看见萨特穿着黑色礼服，戴着宽宽的帽子，无精打采的样子，一下子被这个男人的丑吸引住了。这使萨特喜出望外。她既聪明又漂亮，她居然由于他长得丑，为了他的丑而爱他！不过，正如那时阿隆所说的，萨特的丑被他的智慧掩盖了。他说：“只要萨特一张口，只要他的智慧之光掩盖了他脸上疤疤癞癞的青春痘，他的丑也随之消失了。”

多亏了“图卢兹”，萨特满足了肉体的欲望，适应了新的生活方式。他的同学都为之惊讶不已。法国高师毕竟不是修道院，看门人也对这些先生们的女常客来来往往睁一眼闭一眼。

在年终的一次舞会上，萨特邀请西蒙娜·约里飞也去了。这个一向不修边幅的大学生，在一个晚上，突然变成了花花公子。他与他的穿着随意的女伴非常显眼。然而，这段日子过得并不顺畅，因为萨特在经济上无法满足女友的需求，再说，她对巴黎也很失望，于是便回到了老家图卢兹。不幸的萨特节衣缩食，在女友同意再见他时，他便到图卢兹去看她了……她让他学会了放浪形骸的生活方式，这是痛苦的学习过程。萨特在她的调教下，在放任自己的同时也学会了保护自己。

在萨特看来，图卢兹首先是一个遥远的城市，它把他的心上人带走了。

2 女朋友们

……“这是我的生命中最重要的一章”……

让－保尔·萨特和西蒙娜·德·波伏瓦在二十年代末。那时，他俩还只是年轻的哲学系研究生。

永恒的同居生活

让－保尔·萨特和西蒙娜·德·波伏瓦是一对自由的伴侣，他们才华出众，生活超凡脱俗，让一些人嫉妒、一些人疑惑、一些人憎恶。然而，不管他们的同时代人是如何评价他们，他俩彼此间的爱慕与信任又一次经受了时间的考验。

“很随和，很漂亮，但穿得太糟。”1928年，在乌尔姆街法国高师校园的长椅上，萨特是这样说的。她外号叫卡斯托尔，即英文中的海狸，很快她就成为、并且永远成为萨特生命中的女人，他的“必须的爱情”。至于“即兴的爱情”，他以后经历得多了，与他的伴侣一样，他只接受建立在自由与透明之上的一种默契。

1929年，在七十六位哲学系研究生考试中，萨特当着比他小三岁的西蒙娜·德·波伏瓦小姐的面考了第一名，而她得了个第二。有人说，在这两个优秀的考生当中，评审老师在决定名次之前犹豫良久。不久，卡斯托尔就成了著名作家和妇女运动的领袖。她与萨特在同一个战壕里战斗，一直坚持到七十年代中期。她是萨特的“小判官”，他的每一篇文章，每一个剧本，每一部手稿，都要经她过目的。

西蒙娜·德·波伏瓦，又名卡斯托尔，在1947年。她很快便成为妇女运动的领军人物。

他俩之间不受约束的感情默契，后来成了一桩丑闻。萨特死后，西蒙娜·德·波伏瓦发表了萨特写的《寄语海狸》，引起轩然大波，甚至可以说是掀起了敌视的浪潮，他们直言不讳说他们不成体统，有伤风化。尽管作家萨特在生前也曾多次声明，他将发表他的所有信件，但嘲讽与挖苦的批评仍然冲着她来了。卡斯托尔饱经沧桑，她不在乎这些，如今失去伴侣才是最让她揪心的事！“他的死亡把我们分开了，我的死亡不会再使我们相聚。话虽这么说，我俩的生命在岁月的长河中如此谐和，已经够美的了……”

……在这个不朽的情人的一生中，即兴式的爱情像走马灯似的在来来去去……

奥尔加·柯萨基维茨（照片的左面）曾是西蒙娜·德·波伏瓦的学生，也是萨特的爱情生活中举足轻重的女人之一。

有女人缘的男人

萨特善于把时间切割开来用，让他的每一个女人都各得其所，因此有人说萨特是可以多配偶的人。在他的日常生活中，私下外出旅游、富有情调的幽会接二连三，从不间断，这构成了萨特感情生活的亮点，而卡斯托尔对此很满意。

对此，萨特说过，写过，评论过。他总是喜欢与女人在一起，同她们交谈。他是个忠于感情的人，他的情人最终几乎都成了他终生的女友。卡斯托尔与他的情人关系之所以巩固，是因为他们之间毫不隐瞒与其他情人的关系，这反倒可让他们分享各自的体验与经验。

萨特和波伏瓦是感情稳定的一对伴侣：也许就因为他们在各自与其他异性交往时，选择了公开透明的态度，他俩的感情才得以稳固。

西蒙娜·德·波伏瓦是他的主要情人，除她而外，萨特还爱上了其他女人，其中就有奥尔加·柯萨基维茨，她是西蒙娜·德·波伏瓦的学生，后者在《女客》一书中曾叙述过他们之间的三角恋爱关系；在两年之中，奥尔加把这个小个子男人搅得神魂颠倒。后来，波伏瓦在书中写道，在她与萨特的恋情中，奥尔加无疑是唯一构成威胁的女人，这是前所未有的。三十年代末，奥尔加嫁给了雅克-洛朗·波斯特，后者是萨特的学生，就这样波斯特也介入到萨特朋友的圈子里了。哲学家与奥尔加的妹妹旺达也相恋过，但要单纯得多，也维持了好多年。

在美国，他在游历纽约时，遇到了多洛雷斯·瓦内迪，一见钟情。萨特在说到她时，说她使他体会到“大苹果”的滋味。他在这个被爵士乐震撼着的特大城市留连了几个星期，彻夜不归，白天开讲座，迟迟才回到法国。在回国时，萨特如同他向所有的“女友”提过的那样，向她建议，要为她在他家附近找一个小公寓并希望她接受他与其他女人来往。多洛雷斯·瓦内迪拒绝了，于是他俩痛苦地分手了，萨特最大限度成功地避免了丑闻，仍然保持着与其他即兴恋人的联系。

·······西蒙娜·德·波伏瓦不安地发现，自由恋爱并不能使她免于嫉妒·······

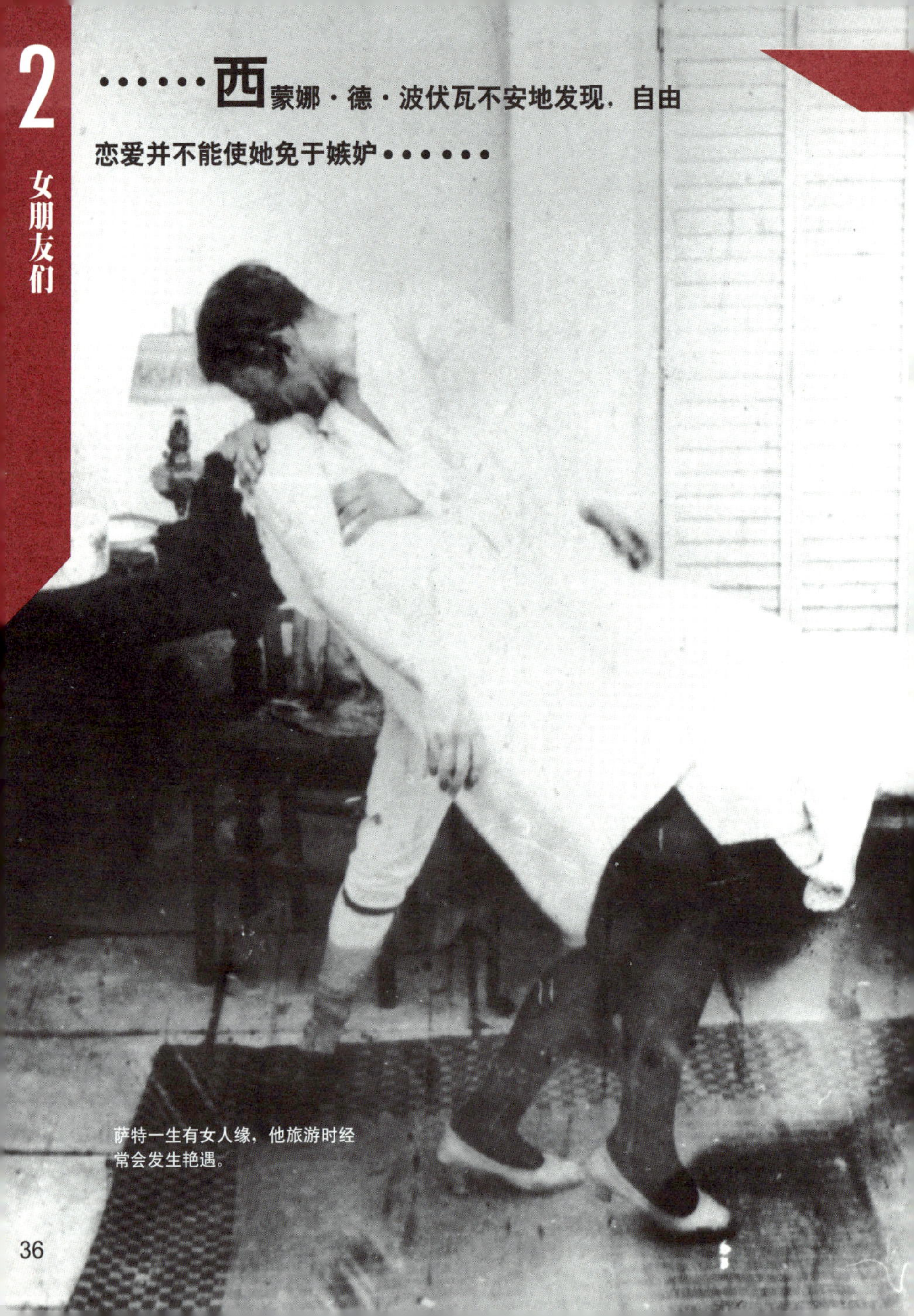

萨特一生有女人缘，他旅游时经常会发生艳遇。

受宠的女人——西蒙娜·德·波伏瓦

1933年9月，让－保尔·萨特到柏林的法国学院做外籍辅助教师。其时，西蒙娜·德·波伏瓦才二十五岁，她在卢昂授课，她不喜欢做老师。她的教学方法与开放意识使校方很不满意，学生家长的投诉也纷至沓来。尽管这样，她还是轻而易举地获得了医学专业的证书。她声称精神上疲劳极了，去德国到萨特那儿休息半个月。

萨特在柏林定时给她写信。那时正是法西斯分子甚嚣尘上之际，希特勒于一月份上台掌权。在这样的背景下，萨特竟然爱上了他的一个同事的妻子。他称她为“月光美人”，对她的个性欣赏已久。自萨特与西蒙娜·德·波伏瓦认识以后，萨特还是第一次如此动情，这使波伏瓦陷入深深的不安之中。嫉妒噬咬着她的心，于是在1934年2月，她决定去柏林会见他。

萨特的欢迎态度让她放心了。波伏瓦刚到，他俩立即就小别如新婚了。他们的默契是建立在思想与计划相互交流的基础之上的；萨特那时创造力特别旺盛，她也担心另一位女性会窃取他的理论成果。但什么事也没有发生。

他俩很快又像往常那样交流各自的心得。西蒙娜·德·波伏瓦原本就不该如此惊慌失措。她见到了她的情敌，那个女人没改变什么。他俩离得或近或远，萨特总是与西蒙娜·德·波伏瓦分享他的生活，他们真诚的对话能化解一切。

惊吓过去之后，波伏瓦想看看柏林的市容了。可是，一封从卢昂来的信向她指出，她迟迟不归，影响很不好。萨特不安了。他希望她尽快回去以免与校方闹僵。但波伏瓦想到他人居然能主宰她的命运，大发脾气，拒绝改变她的计划。向世界挑战是她的行动准则，她永远不会偏离。最终，她还是疑虑重重地按时回到卢昂。

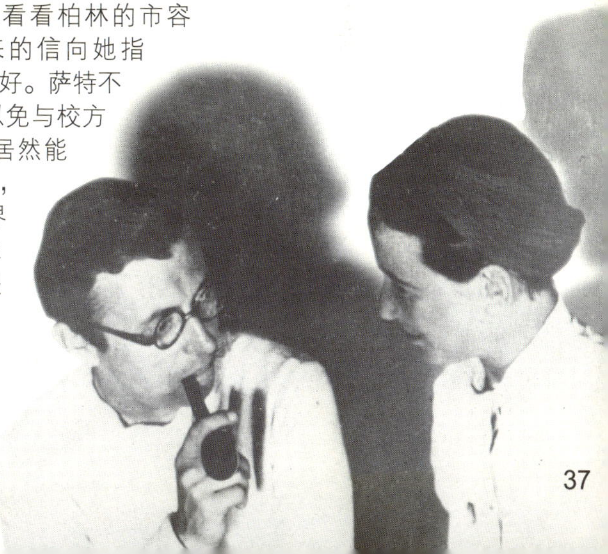

萨特和波伏瓦在二战期间。那时他俩都在教授哲学。

……在烟雾腾腾的地窖里，人群在爵士乐的节奏下激情洋溢，发现了格雷戈的才华……多亏了萨特……

这幅图画表现出在第一次世界大战前夕蒙马特尔最著名的俱乐部之一——屋顶母牛俱乐部的情景。

朱丽叶·格雷戈起步了

解放后，战时一直呆在巴黎的朱丽叶·格雷戈常去王桥酒吧，认识了让－保尔·萨特、西蒙娜·德·波伏瓦、阿尔贝·加缪，同时，她也开始了她的演员生涯。这正是巴黎圣日耳曼－戴普雷街道夜生活最疯狂的时期……

在禁地酒吧，拂晓时分，朱丽叶·格雷戈在让－保尔·萨特、波里斯·维昂和梅洛－庞蒂的陪同下，从楼道口弯腰向下看，发现一条楼梯直通一个长长的穹顶地窖。禁地俱乐部就这样产生了。这是一个私人性质的俱乐部，从此以后，存在主义的信奉者们就有了自己的家。

起初，萨特遭到年轻的格雷戈的断然拒绝，感到很有意思，就邀请她次日早上九点钟到他家坐坐。在家里，萨特拿出一份书单给少妇看，上面有保尔－克洛岱尔、特里斯丹·高尔皮埃尔、儒尔·拉弗格和雷蒙·格诺的作品。

未来的女歌唱家的注意力集中在雷蒙·格诺的诗《倘若你想一想》和儒尔·拉弗格的诗《永恒的女性》上了。萨特很满意，就把他为《禁止旁听》里的人物伊奈斯写的一首歌词《白外套街》奉献给她，并告诉她去找约瑟夫·科斯马谱曲，她照着去做了。

几天后，在让·维埃纳的钢琴伴奏下，朱丽叶·格雷戈首次在舞台上演出。让·维埃纳是在离开屋顶母牛俱乐部二十多年之后重新坐回这个位置的。演出获得成功："他们善解人意、宽容友善；他们向这个小傻瓜热烈鼓掌，而她似乎还不会唱歌，噙着眼泪，吓得发抖。"演出后，弗朗索瓦·莫里亚克邀请格雷戈坐在自己的座位旁，向她表示祝贺。到了夏天，朱丽叶·格雷戈的演唱生涯就一发而不可收了。

女演员朱丽叶·格雷戈歌唱生涯的起步多少得到了萨特的帮助。

……接班人？当然要有，但要文学青年，已认真挑选……

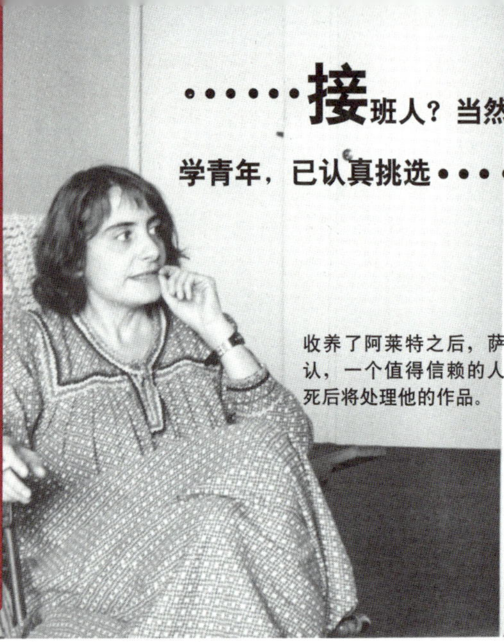

收养了阿莱特之后，萨特确认，一个值得信赖的人在他死后将处理他的作品。

得天独厚的孩子

“乱伦是亲人间唯一让我激动的联系。”这是《文字生涯》里的一句话，一句出丑的话，也是富有创意的话。在萨特的一生中，特别是在他的生命晚期，这个观点将出现歧义。但这决不意味着作家承受了，或者让人承受着丝毫的牵强，倒是他得到了超乎寻常的另一种父爱。

他与西蒙娜·德·波伏瓦的爱情是超越等级观念的，他决不要孩子，波伏瓦也一样。他俩一致同意认领一个孩子，这样就解决了他们在文学领域接班人的棘手问题。

1956年，在让－保尔·萨特亲友的圈子里，阿莱特·埃尔克汉姆既是他的女友、情妇，又是他的养女、亲信；她是文科预备班的大学生，当时只有十八岁。她想会见正处在声名鼎盛时期的作家和哲学家，于是打电话给萨特的秘书克洛德·福试试运气。萨特同意解答她写的一篇关于《存在与虚无》的哲学论文中提出的问题，少女那时还很小，因为那时成熟的年龄该是二十一岁，她只有有限的外出的权利。但这个限制没坚持多久。萨特很快就把他与母亲曼希夫人居住的在波拿巴街上的套间让给她住了。其时，他的母亲已第二次守寡了。他俩关系的真正转折点是在1958年的夏天，那时他们在罗马小住了几个星期。

那个到了能做阿莱特·埃尔克汉姆的祖父年龄的人亲切地称她为“小家伙”，这个小家伙就是与萨特周围的女人不同。她穿着随意，从不涂脂抹粉，在任何时候都不在意自己的外表，但她就是天生丽质。萨特在1964年决定收养她了。收养文件由吉赛尔·哈里米公证，并于1964年3月在民事法庭上很顺利地通过了。阿莱特遂改名为埃尔克汉姆－萨特，与此同时，她也成了萨特文学作品的合法继承人。

阿莱特·埃尔克汉姆－萨特在哲学家身边的地位是独一无二的，一时间曾激起萨特生活里其他女人的嫉妒。

……关心世界，就是想改造它。团结起来，进行对话，共同行动。萨特在他的周围团结了所有存在主义的拥趸，他们常常产生严重分裂，激烈争辩，但同样表现出坚定不移的忠诚……

3 周围重量级的人物

……萨特和他的同学尼赞被他们的同学戏称为“尼特和萨赞”，他俩都被大家赏识……

保尔·尼赞在多年的求学生活中是萨特的同伙，后来，冒着与他的家庭闹翻的危险，大胆地揭发德苏和平条约。

两个前途似锦的学生

从1921年至1924年，让－保尔·萨特是巴黎两家规模最大的中学——亨利四世中学和路易大帝中学的学生。人们原谅这个胆大妄为的学生做出的年轻人才会去做的荒唐事情，这里面常常有保尔·尼赞的参与，这是他在这两家久负盛名的学校里的朋友。

拉罗歇尔是他的母亲与他的继父居住的地方，由于健康的原因，萨特又回到巴黎，作为寄宿生，继续在母校亨利四世中学读书了。萨特依然像以往那样，并且与他的好朋友重逢了，其中就有保尔·尼赞，那是他去外省之前在巴黎认识的，他俩志同道合，亲密无间，都喜爱学习和写作。后来，他们又一起进路易大帝中学的文学预备班学习，在整个学习期间，这两个年轻人什么事都一起做，亲密无间，不分彼此。

他俩的个头可不一样，萨特只到尼赞的肩膀。年轻人这样写道："他与我一样是斜眼，只不过方向相反。"未来的哲学家被认为是惹是生非的学生之一。他所写的淫荡的歌曲，他所写的小说——其中就有《耶稣·猫头鹰·外省的教授》——虽然并不会让人联想到他会变成什么样的人物，但足以使人看出他的才华，以及他对外省教授的反感。

他俩都是才华出众的学生，自然而然就一起投考高等师范学校，1924年学期末，他们终于如愿以偿。萨特偏好哲学多亏了克罗纳·迪斯特里阿先生，他是路易大帝中学德高望重的哲学教授。他们的导师对自己能培养出这两个天才无比自豪，曾给他们写了一份祝贺信，信中不无先见之明："你们在大学里将会组建一个由年轻哲学家组成的团体，你们前途无量，我将非常荣幸地注视你们一步步走向成功。"

萨特和尼赞是两个前途似锦的学生，但也是乌尔姆街的活闹鬼。

……《现代》杂志是萨特思想的一个窗口，促使他在行动者俱乐部里更加激进……

萨特与他的时代的许多伟大人物合作过。这是大诗人弗朗西·彭斯，他在《现代》的第一期上发表过文章。

萨特和西蒙娜·德·波伏瓦在战后。

崭新的时代

《现代》杂志是萨特思想的一个窗口，也被人们普遍看成是存在主义的先驱刊物，萨特于1945年在他身边的人支持下所创办的这本杂志，促使他在行动者俱乐部里更加激进。

1945年10月5日，书报亭里首次出现了一本杂志，名叫《现代》。它替代了《格拉布热》的杂志名，起先这个刊物名还保留着，后来彻底被弃用了。这本杂志的诞生宣告了被禁锢多年。查禁多年的舆论界将掀起一场声势浩大的自由运动。《现代》首册的封面上印着一张毕加索创作的插图，后来，编委会采用了更简单、更雅致、更经典的封面：在白底子上，文字由红黑两种颜色交叉组合而成。

杂志起先由伽里玛出版社出版，直至1948年后，改由朱利阿尔出版社出版，再后来又回到了伽里玛。《现代》自第一期始为月刊，是一本引导潮流的杂志。编委会的头儿就是让－保尔·萨特，以前，他与《法兰西文学》、《战斗》等杂志打过交道，积累了一些办杂志的经验。在作家周围聚集的一些男男女女都是被彻底解放的法国信奉存在主义的知识精英。在第一期的目录中，我们可以看到一些已被读者熟知的，以及即将被人们熟知的名字。其中有：雷蒙·阿隆、波里斯·维昂、莫洛维亚·莫里斯、梅洛·庞蒂、弗朗西·彭斯、雅克－洛朗·波斯特、米歇尔·雷里斯、娜塔丽·萨罗特、让·布伊翁。他们都是这个圈子里的人。

1995年《现代》杂志创办五十周年纪念时，克洛德·朗斯曼写道：“我们大家都意识到，我们都忠于杂志创办者的建设性的初衷，我们的风格不会变。”

这个风格可以被理解为杂志创办初期被定下的调子，也可被理解为作者对政治、哲学与社会的全面介入。

……在波里斯·维昂的名著《泡沫的时光》里，他再现了存在主义者的精神面貌……

波里斯·维昂在离开萨特的那段日子里，与他的新女伴乌尔苏拉·库布莱合影。

让—苏尔·帕特的由来

波里斯·维昂是巴黎存在主义的象征性人物，热衷玄学、爵士乐与法国战后的青年爵士乐，他是通过大作家雷蒙·格诺认识让－保尔·萨特的，彼此很快产生好感，接下来便是长年真诚的友谊。

让－保尔·萨特不是地下室爵士乐的忠实信徒，但波里斯·维昂却是天才的小号手，他几乎每天晚上都与他的乐队在演奏。不过，哲学家很欣赏这种音乐，因为它标志着战后的社会现象，带来了美国文化。再说，他早就认识美国著名爵士音乐家索尼·罗林，很欣赏他，而且置身在一群年轻人之中，他感到心情舒畅。当然，他更喜欢禁地酒吧里其乐融融的聚会，维昂也喜欢那个德国风味的“乡村别墅”。

于是，萨特建议波里斯·维昂与以他为首的《现代》杂志合作。维昂在杂志上每月写一篇专栏文章，名为《说谎者记事》，这样，他一脚同时伸进了伽里玛出版社，出版社在1947年也理所当然地出版了他的名闻遐迩的《泡沫的时光》，在书中，萨特变成了让—苏尔·帕特。多事的作家也在书里描述了一个如痴如狂的场面，几千人拥向让—苏尔·帕特开的讲座。有些人是坐灵车来的，有些人空降而下，还有人是从下水道冒上来的。

波里斯·维昂在《泡沫的时光》里描绘了令人难忘的一章，他再现了萨特的某些报告会上听众狂热的场景。

其实，这个场面是以一个基本事实为依据的：萨特曾开过一个讲座阐述存在主义的内涵，取得了难以想象的成功，哲学家从此成了公众的偶像。

后来，波里斯·维昂更喜欢他的新女友乌尔苏拉·库布莱的活动领域，与他的前妻米歇尔·莱格里斯分手了，后者也与萨特和维昂两对情侣疏远了，但不久之后，她又成为萨特周围众多的女人之一，并且占据了一个重要的地位，直至萨特去世为止。

……"加缪把人物与作品完美地结合在一起了……"萨特说……

阿尔贝·加缪在1957年获得诺贝尔文学奖之后，记者们争先恐后收集有关他的资料。

加缪，一个外国人

萨特和加缪是法国文坛上的两个神灵，他俩相遇、相交，并于1952年最终闹翻。《局外人》的作者在一次车祸中不幸夭折让萨特陷入深深的悲哀之中，这在他的一篇生动感人的悼文里表露无疑。

“在这个世纪，加缪是传统道德主流的承前启后的、反历史的当代继承人，他的作品也许是法国文学中最具个性的了。他以无可挽救的、亲密而纯粹、庄严而性感的幽默感，投入了一场有争议的战斗，对这个时代大规模的、畸形的种种事件提出质疑。反之，他身处我们当今时代的核心，他以固执、否定的态度，重新坚定了他在道德领域的存在主义立场，反对为达到目的而不择手段的人，反对现实主义的拜金主义。”

阿尔贝·加缪是一个有着坚定信念的人，他认为萨特对他的批评是一种背叛行为。

萨特不总是这样说他好话的，他通过媒体羞辱过加缪。不过，他们的友谊是建立在彼此欣赏的基础之上的。加缪当过《战斗报》的文学批评家，当他读完《墙》之后，把萨特描绘成一个“介于塞里纳和卡夫卡之间的出类拔萃的年轻作家”。

萨特呢，他曾写过二十页的文章，对加缪的作品恭维备至：“对《局外人》，一句话便能概括：是一座孤岛……”

这两个人之间的亲密友谊，在许多年中有聚会、友人和在各自报纸上写的文章作证。1951年秋天，《反叛者》的出版严重地影响到他俩的关系。萨特不喜欢这部作品，弗朗西·江松在以萨特为首的《现代》杂志上又批评了它。加缪奋起进行回击，并且迁怒到萨特。萨特亲自出马了，毫不留情地公开抨击以前他曾极力赞赏的那个人。从此，萨特再没见到加缪，后者于1960年在一次车祸中丧生。

……对萨特而言，友谊应该建立在共同的信念上……

里查德·怀特既是小说家、又是散文家、诗人，是美国的非洲文学象征性人物之一。

里查德·怀特从天而降

那些对美国社会的不公进行抗争的人，萨特都怀有好感，因此，他的心很快被美国黑人作家里查德·怀特俘获了。这位写出《黑男孩》的著名作家果真离开了美国，他忍受不了那里的政策，认为带有种族主义倾向。

1946年，里查德·怀特来到法国，受到《现代》杂志成员的欢迎。在萨特看来，他是受到不公正的美国社会压迫的人们的杰出代表，是大西洋彼岸种族主义统治下的牺牲者的完美形象。除此而外，这两个人都热衷于介入社会，鄙视殖民主义，有异曲同工之妙。

即便里查德·怀特没有被看作存在主义圈子里的正式成员，他也在萨特的报纸上撰文，并且与萨特在同一家出版社出版作品。他与西蒙娜·德·波伏瓦也建立了深厚的友谊，甚至对她的衣橱也指指点点。尽管里查德·怀特与存在主义的信奉者过从甚密，他却愈来愈彻底地远离他早年曾参加过的共产主义运动。

怀特建议萨特与他一起参加法美和平聚会，哲学家同意去了，但有些勉强。会上的议论很快引起萨特的反感，因为应邀者严厉地谴责了苏维埃共和国，狂热地追捧美国实行的遏制政策。自这次聚会之后，萨特认识到他与怀特之间隔着一条鸿沟，可在他乍到法国时，萨特曾把他捧到天上。

萨特发现，怀特不仅脱离共产主义，甚至容忍美国的错误政策，反对苏维埃俄国实行的政策。在萨特的眼中，苏联是人类的一盏灯塔，完全没有必要放弃俄国社会主义开创的道路。怀特违背了萨特的信条，他们的友谊也就到此为止了。

里查德·怀特希望在他的作品中为被白人社会普遍歧视的黑人讨回公道。

……萨特易冲动且不近情理，他不止一次挫伤了朋友的感情，尽管他心里始终十分明白，为了共同的事业，应该遏制自己的怒气……

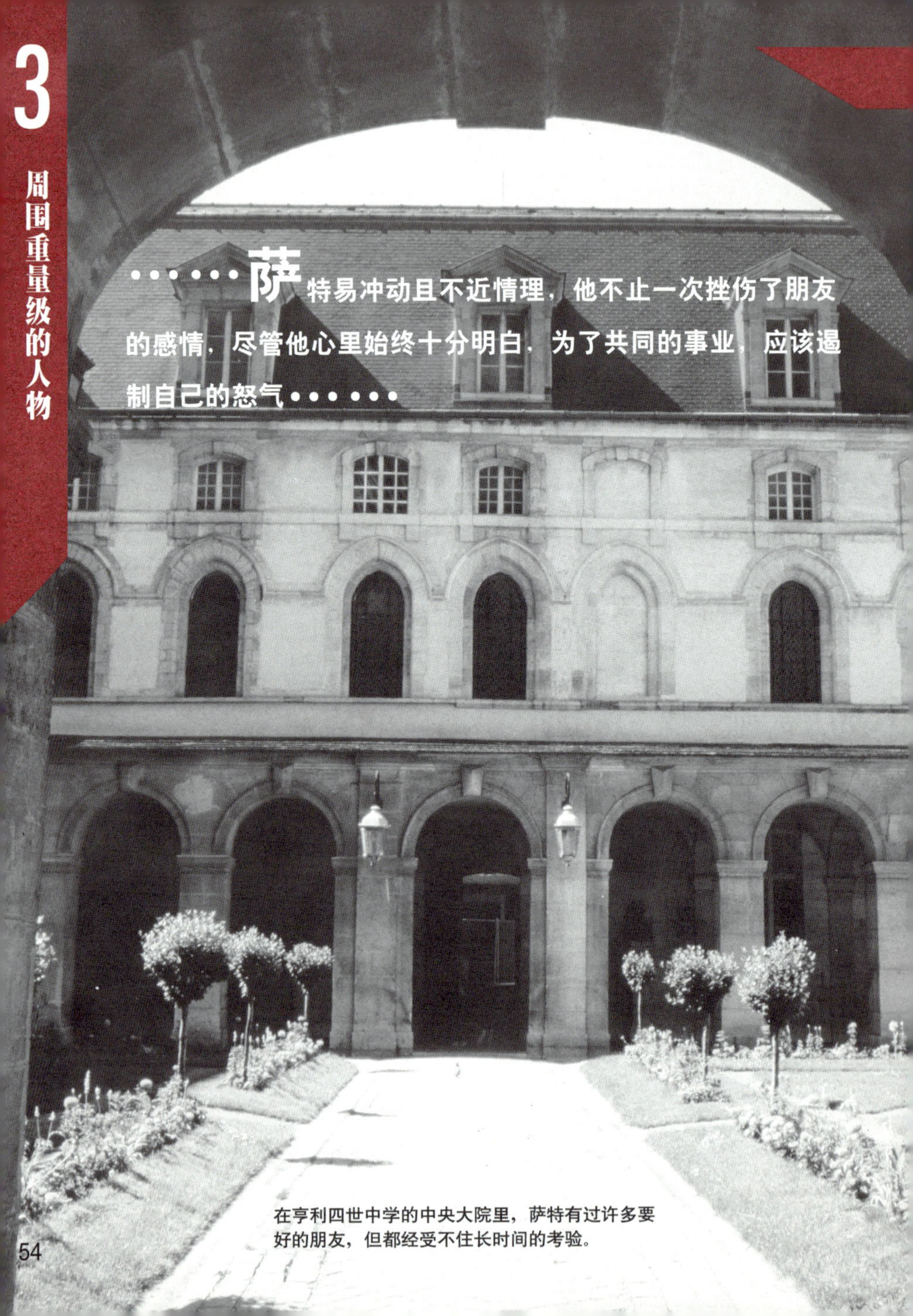

在亨利四世中学的中央大院里，萨特有过许多要好的朋友，但都经受不住长时间的考验。

温柔而苦涩的友情

萨特的批评虽然常常没错，但总是很尖刻刺人的，由此他得罪了他最亲近的朋友，而从不顾及他们之间的往事和情谊。他不重视感情的因素，就必然会伤害他周围的友人，但他从不记仇，也不会耿耿于怀。

“您好，我的小同学！”这是1979年6月20日，雷蒙·阿隆在全世界摄像镜头前，欢迎让－保尔·萨特时说的一句话。这是他俩最后一次重逢，早先，他们因在乘船出逃的越南难民死亡事件上存在分歧而使友情大受损伤，现在这两个老战友又握手了。但此时的萨特已失明，往日的风光不再，甚至可以说已退居幕后，由贝尼·莱维替代；他是在安德烈·克鲁斯曼陪伴下到爱丽舍宫去的。他的出现只是象征性的，也许自己甚至都没意识到，他是在与他身边的这个人在媒体上进行最后一次较量了。

萨特和阿隆是在亨利四世中学认识的，那时他俩正完成文科预备班的学业，准备参加乌尔姆街上巴黎高师一年级的考试。人们可以责备萨特与他的众多好友关系闹僵，其中加缪是最后一块硬石头，但人们决不能指责他具体行动时会夹杂私仇。米歇尔·福柯与萨特在公众场合最后一次亮相时，他的表现足以证明这点。

不过，也就是这个不留情面，甚至粗暴的萨特，在媒体及演讲中肆无忌惮地攻击了雷蒙·阿隆许多年。譬如说，在1968年，他写了类似宣言样的文章攻击具有正统观念的知识分子，竟然说到“雷蒙·阿隆的顽固堡垒”。这篇抨击性的文章先是攻击教育制度，后来愈演愈烈，竟然说道：“阿隆到老年，还会向他的学生们重复他在1939年战前写的论文中的想法，他可以行使他的权力，但可以肯定地说，这个权力并非建立在与他的名字相当的学问基础之上。”

雷蒙·阿隆在1983年。他与萨特曾经有约，他们两人之中活得长的那个将为先走的那个撰写悼词。显然阿隆没有信守诺言，因为在此之前，他与萨特的分歧太深了。

“萨特啊，天哪，他该去地狱……”塞里纳说

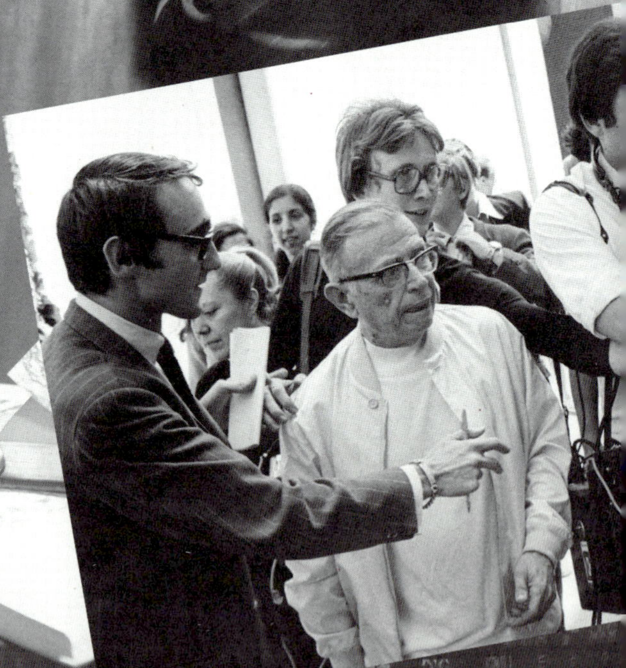

梵蒂冈当局封杀萨特作品期间的留影。

接近又反对所有人

这个在哲学领域和政治领域都介入的男人免不了受到抨击。萨特已经把自己塑造成一个公众人物了，必然要面对最强烈的诽谤和恶意中伤。但批评也罢，文章也罢，死亡威胁也罢，甚至对他更恶毒的人身攻击，都没能使他闭嘴。

让－保尔·萨特在他的一生中无疑会遭到恶人的攻击。他是宣扬存在主义的无神论哲学家，在1948年被天主教会列入被禁作家的黑名单。他作为记者、专栏作家或是演说家，也从未停止过攻击某个政治家、某个政党、某个作家、某部作品。反之，他也成了当代人理想的攻击目标。

从雷蒙·阿隆——他重新提及存在主义者在战争期间的激进做法，曾善意地批评“花神咖啡店的抵抗”，到塞里纳——他在一篇名为《瓶颈里的骚动》的文章中对萨特极尽谩骂之能事，被攻击的萨特一直占据着法国报刊头条的位置，成了毒蛇般的语言及用毒汁浸泡的笔的攻击对象，然而最厉害的一次，是他对阿尔及利亚战争的表态激起了法国殖民主义拥戴者的空前的公诉。

1960年10月，巴黎的老战士举行游行，高呼着可怕的口号：“枪毙萨特！”对峙的局面愈演愈烈：他与他的母亲居住的巴黎第六区波拿巴街上的那个套间两次被炸，幸好没有人员伤亡。后来戴高乐针对他也说过一句话：“我们总不能囚禁伏尔泰吧。”于是萨特被迫搬到蒙帕纳斯街区去；为了阿尔及利亚独立事业，他继续不依不饶地进行战斗，那是他矢志不渝的心愿。

让－保尔·萨特和西蒙娜·德·波伏瓦冒着激起他人仇恨的风险，在激烈的辩论中亮相，把公众的注意力集中到自己身上。

……萨特引导贝尼·莱维投入战斗，替代自己的眼睛……

萨特晚年，贝尼·莱维为了使萨特继续从事他的哲学研究，一直陪伴着他，直到他去世。

秘书贝尼·莱维

贝尼·莱维，又名皮埃尔·维克多，是让－保尔·萨特最后一任秘书。从1973年至1980年，他每天都与萨特一起工作。他俩彼此吸引，温情脉脉，形成了一种特殊关系，直到萨特去世为止。

贝尼·莱维于1945年出生在开罗的一个东方犹太人的家庭。他家在1957年就流浪在外，到法国旅居时没有合法的公民身份，不得不每月一次去警署盖章。

他是巴黎高师的高材生，他的威望与智慧很快使他在同学们中间鹤立鸡群了。高师的校长甚至为他向当时的法国总统乔治·蓬皮杜求情，希望授予他法国国籍，但没有成功。后来他得到了萨特的帮助，新总统吉斯卡尔·德斯坦使他如愿以偿。

让皮埃尔·维克多当秘书的想法并非出自萨特本人，而是周围人的主意，他们担心他过于放任自己。俩人很快就建立了深厚的感情。是萨特鼓励年轻人改名换姓的。他是最早的一批毛分子之一，后来，他在《人民事业》上发表的文章果真均以皮埃尔·维克多的笔名见报了。

萨特年事已高，疲惫不堪，但仍开讲座，参与公众的辩论。

但这一切都无法避免哲学家逐渐走向衰老。1973至1974年间，无论萨特在自己家还是在亲友家，他动不动就昏昏入睡，醒来也是神情麻木、感觉迟钝。这样，贝尼·莱维的首要任务便是当发现萨特不与他说话时，第一时间帮助伟人与瞌睡虫作斗争……

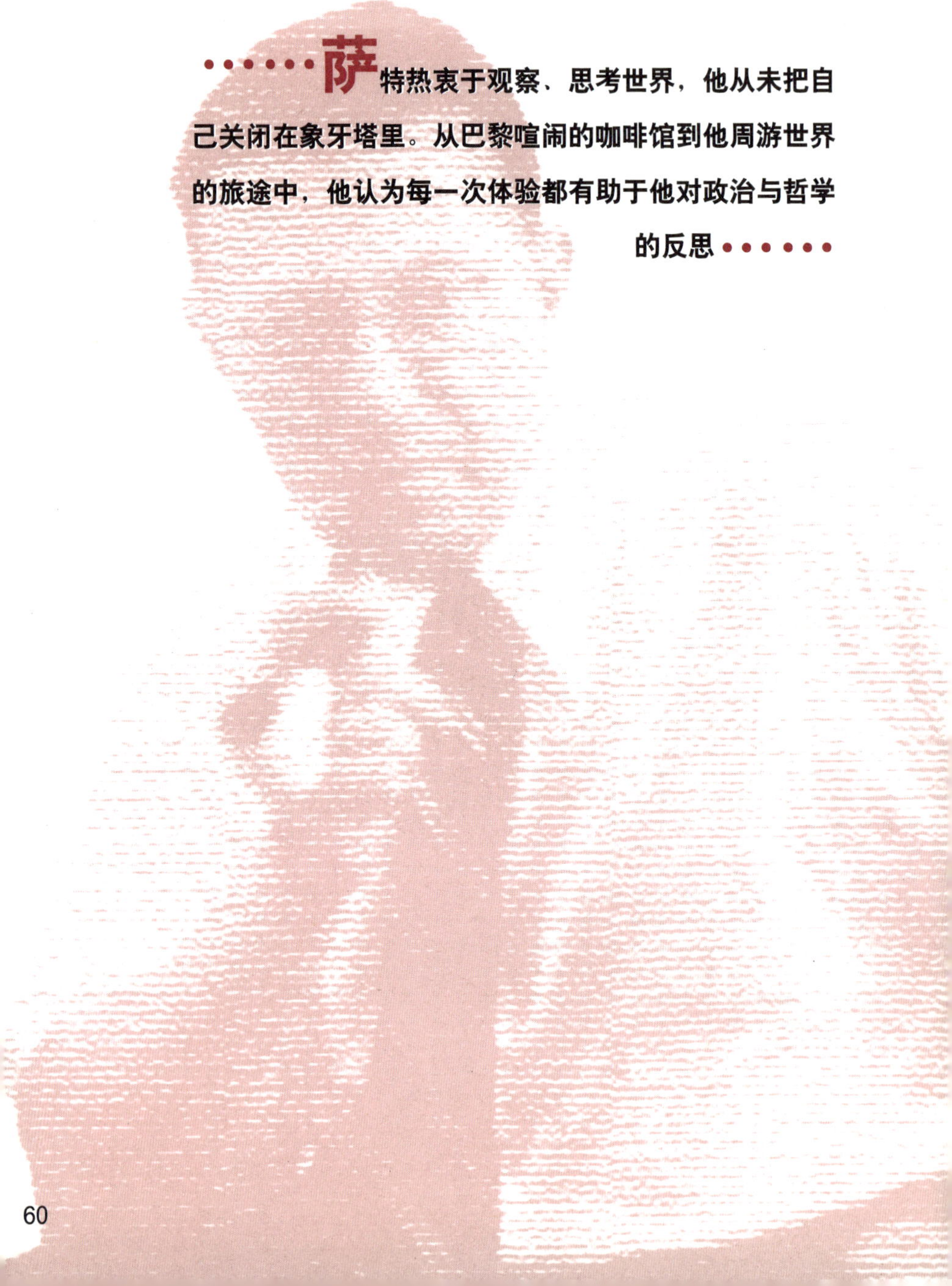

萨特热衷于观察、思考世界，他从未把自己关闭在象牙塔里。从巴黎喧闹的咖啡馆到他周游世界的旅途中，他认为每一次体验都有助于他对政治与哲学的反思

4 观察与写作

……“在当今的世界上，我发现对我一切皆有可能……”

萨特是一个无可救药的大烟鬼，他在1936年曾想亲自体验一种更加独特的毒品，根本不考虑后果如何。

偏执狂

1935年，他就着手准备试验幻觉的效果了，他要亲自体验形象在人类的大脑中是如何形成的。但当带有哲学性质的实验开始产生幻觉时，萨特就变成了妖魔鬼怪的牺牲品……

在感知研究的领域，萨特决定亲自实验一下人的意识中幻觉形成的过程。他挑选了南美仙人球毒碱，这是从仙人球中提取的生物碱，会使人产生强烈的幻觉。他请医生为他准备一个用于精神类药品的针筒，并给他注射。

开始，大家以为萨特这样做是为了使自己对毒品增加免疫能力。事实也是如此，在日常生活中，他服用了大量有毒物质，经常会头昏目眩：一天两包香烟，烟斗一根接一根换，抽的是褐色烟丝，每天一公升以上酒精饮料，如葡萄酒、啤酒、白酒、威士忌等等，两百毫克苯丙氨，十五克阿司匹林，好几克巴比妥类药，还不算上咖啡、茶以及他日常生活中摄入的脂肪。不过，微量生物碱却迅速使哲学家进入疯癫状态，这已与科学毫不搭界了。

在巴黎咖啡馆里的哲学讨论从不影响萨特认真研究各种葡萄酒的特色……

晕眩远未把萨特带进诗人们憧憬的梦幻般的天堂，倒是幻觉让他患上了最可怕的恐惧症。他原本就对甲科类动物深深厌恶，这下好了，他仿佛看见他的周围尽是龙虾、螃蟹、螯虾。西蒙娜·德·波伏瓦亲自见证过这一段魔鬼般的日子，她说：“在他身边，身后，他仿佛到处看见螃蟹、章鱼，以及一些张牙舞爪的东西在爬行。”

注射生物碱引起的精神萎靡持续了六个多月。谵妄症也久久未能消除。他在威尼斯旅居时，这位存在主义的鼻祖总是感觉到自己整夜整夜被一个大怪物追赶着……也许是一个大龙虾。

……在萨特看来，这是一个会晤、思考、辩论的地方……而首先是启发灵感之源……

萨特继承了巴黎悠久的艺术传统，把创造热情与他常去的地方融合在一起，因此他常做客的巴黎几家咖啡馆因他而得名。

酒吧的常客

咖啡馆，这是萨特心目中的古希腊广场，如今移居到巴黎的圣日耳曼－代普雷和蒙帕纳斯神秘的街区来了。他单独一人，或是与西蒙娜·德·波伏瓦在一起，要不就是带上一群朋友经常在那儿呆上一天中的大部分时间。他说道：“周围人声喧哗，我只身与文字相伴。”

十九世纪末，巴黎人开始喜欢在咖啡馆的街沿上聊天。到了二十世纪，艺术家们聚集在巴黎左岸的一些酒吧，这些地方便成了画家、哲学家、作家和诗人们会晤的首选之地。魏尔伦、兰波、马拉美、毕加索、特里奥莱、阿拉贡、吉哈杜或是费尔南·雷热的后继者们在二十世纪就坐在他们的艺术先驱们过去坐过的街沿上。

在圣日耳曼－代普雷大街上，双猴咖啡馆与花神咖啡馆近在咫尺，我们无从得知这两家中哪一家接待作家及他的随从的次数更多。“双猴”吹嘘说，在1939至1965年间，在他们忠诚的常客之中每天都有这位贵宾的记录；“花神”则说，作家就是在他们那儿撰写了伟大的哲学杰作《存在与虚无》的。

在著名的双猴咖啡馆的街沿上，巴黎人和旅游者多少能闻出一点存在主义的气息。

萨特离开了巴黎的拉丁区，又来到一条宽广的人行大道上，把丁香花园咖啡馆和穹顶咖啡馆当成他的又一处行宫。他在那儿随着一杯杯咖啡和威士忌下肚，构建着他的作品，酝酿着他的政治活动，其热情的程度不亚于他丰富多彩的感情生活。倘若说，在“穹顶”的一顿午餐上，他接受了一家具有毛主义倾向的《人民事业报》主编职务的话，他与他亲近的“女卫队”也没少在那儿定期幽会过。他与西蒙娜·德·波伏瓦几乎每天都在那儿共进午餐。正是在咖啡馆，他俩在各自漫长的一生中建立了坚如磐石的友谊。

……萨特用钱挥霍无度，引起母亲强烈不满……

萨特随时准备外出度假，他可没想过回家后是否付得起房租。

两袖清风

三十年代末，西蒙娜·德·波伏瓦在莫里埃中学任教，而萨特却去了诺伊的巴斯特中学。因此，这两个人都有一份教师的工资。他俩搬到曼纳大街上的米斯特拉旅店，各住一层，终于生活在同一个屋檐下了。他们虽然共同生活，却互不干涉，但不管怎样，到了月底，两人都捉襟见肘了。

出书发不了财，只是增加额外收入而已。何况萨特还一直被“宰”。萨特-西蒙娜家族中的大部分成员都不能自食其力，这对情侣的负担愈来愈重。他们得支付波伏瓦妹妹及萨特的好几个女人的房租。这对佳侣不总是具有大发善心的能力的。

萨特和西蒙娜·德·波伏瓦一生都酷爱旅游，但开销巨大。不过，一旦他们成功之后，就不必自费外出了。

度假归来之后，经济状况更加恶化。萨特有时不得不整天到处借钱。某日，他要上车，但手头上没有任何读物，他竟然在一家书店门前的摊位上偷了两本侦探小说。这种感觉特别刺激，阅读时味道也不一样了。

不过在极度困窘时，总还有爸爸妈妈……有一次萨特写信给波伏瓦说道：“请从你的父母那儿借两百个铜板吧，因为我们一个子儿也不剩了。”萨特付不起房租时，他就回到曼希夫妇的家里住下，他的母亲当然开心啰。他曾说过：“我每天有十个法郎就生活得很好了：五个法郎买香烟火柴；花四十个苏买两张地铁票；其余就用来喝咖啡、啤酒。我的母亲每天早晨给我十个法郎。”有时，他的母亲增加二十个法郎给他理发。一天，他把这些钱都喝掉了，显然，这个行为比偷书恶劣多了，曼希夫人很生气，而这时的萨特又变成了“小宝贝儿”，他觉得自己做错了事。

……与萨特到巴西作短期的访问很快变成了家务事……

在巴西，萨特走了几千公里，有时也需要忙中偷乐。

“萨特这个疯子”

在世人的眼中，萨特－波伏瓦这对恋人是同一个战壕里的情侣。因此，作家乔治·阿马杜以及巴西其他知识分子邀请他俩一起访问他们的国家，并与他们谈谈古巴的革命。但在访问中，多情的萨特又一次遭遇到令他尴尬的局面。

1960年，让－保尔·萨特和西蒙娜·德·波伏瓦这对情侣的声名已远远越出国界了。“他们的名声赋予了他们一种权力，他们有责任行使它。”于是他们出发去巴西的大城市瑞西夫，准备在那里座谈和开讲座。他俩选择了乔治·阿马杜当他们的向导，他们一行横穿巴西，行程达一万二千公里，所到之处，都受到热烈欢迎。

在里约大学，波伏瓦做了妇女生存状况的演讲，她还是第一次被邀请对这个主题发表看法，不过她对卡斯特罗运动和巴西革命更感兴趣。虽然她在1949年出版的著作《第二性》当时已风行全世界，但波伏瓦并不打算让自己停留在女性问题的探讨上；萨特呢，他们请求他对殖民主义制度、古巴革命或是贫民窟的贫困问题谈谈自己的看法。

在里约的街头，到处都张贴着他俩的照片，这个城市赋予他们荣誉市民的称号。萨特仍然借此机会大显他的魅力。一位棕发巴西姑娘爱上了他，如同往常一样，他来者不拒，继续勾引她，最后出现了难以预料的局面。按照巴西的习俗，追求者一旦看上了一位大户人家的姑娘就应该立即娶她为妻。他们不能容忍性自由，而这在萨特已经是家常便饭了。他有过一阵冲动想娶她算了，但最后还是放弃了这个想法。波伏瓦觉得这件事情很有趣，写道：“萨特这个疯子如当时拒绝娶她，还真有可能挨枪子儿。”

萨特发现了一个新大陆：南美洲。

……喝着一杯杯朗姆酒，抽着一根根西班牙短烟，萨特在学习革命……

1960年访问古巴时的留影。

忠于卡斯特罗

“古巴革命是一次真正的革命。”1960年，萨特离开古巴时，在旅行笔记里热情地记下他对古巴新制度的印象。

六十年代初，让－保尔·萨特和西蒙娜·德·波伏瓦受邀访问古巴首都哈瓦那。前不久，一群信奉马克思主义的年轻知识分子刚刚夺取了那里的政权。萨特也刚刚发表他的《辩证论批评》，书中鼓吹存在主义应该引进马克思理论，摒弃了斯大林的所有做法。这便是古巴当局邀请他们去访问的另一层原由。新闻发布会、会谈、讨论、在大学讲课等等把萨特的行程排得满满的，使萨特忙得不亦乐乎。

其实萨特在五十年代初曾与他的女友参观过这个大岛，那是他们在加勒比海旅游的行程之一……

在这次官方性质的访问中，这对哲学家会见了菲德尔·卡斯特罗、他的弟弟劳尔，以及蒙上浪漫主义色彩的神秘革命家切·格瓦拉。从萨特在访问后带回的照片上，我们可以看到他拥抱了古巴的领导人，后者至少高他两头，用赞赏的目光看着他。如同往常一样，他每到一处，都会引起国内的一片批评和嘲讽声。

回国后，他写了一篇篇有关古巴的充满溢美之词的评论文章，后来，这些文章引起了质疑。萨特说道：“古巴人一个个都沉睡不醒，是卡斯特罗在一个不眠之夜把他们团结起来了，那是属于他的夜晚。”朗姆酒、庆祝会、后革命派的大学生们兴高采烈地欢庆巴蒂斯塔独裁者垮台的狂热情绪，肯定使这个男人对这个岛屿上新建立的制度产生了错觉。

菲德尔·卡斯特罗和切·格瓦拉在萨特访问那年的留影。

……苏联秘密机构处于临战状态：萨特访问苏联……

苏联通过强大的阅兵式充分展示国力。

萨特在苏维埃共和国

先进的工厂、热情的游行群众、奢华的招待会、取之不尽的伏特加……他这次到苏联的官方访问可以用作秀和虚伪来概括。1962年6月，萨特第二次来到苏联，他决心了解一个真正的苏联。

萨特首次访问苏联时，就已经得出一个让了解苏联真正状况的人目瞪口呆的肯定的结论。他回国后在《解放报》上发表了一篇题名为《苏联完全有舆论自由》的文章。然而，他在坚决反对苏联军队镇压匈牙利之后，就再不带着偏爱的目光观察苏联了。他希望能会见一些苏联的持不同政见者，并向欧洲表明，苏联确实存在真正的革命者，他们是反对偏移革命的斯大林分子的内部力量。

萨特踏上苏联国土之后，官方就决定让他信服，苏联是真正的人间天堂。因此他们就暗箱操作，让萨特感觉到，他每到一处的访问都是即兴式的。接踵而来的会见看似没有预约，但事前都做过精心安排，让哲学家感觉到行程计划全是由他本人选择的。每一次谈话都由上层控制着，而萨特却从没感觉到他与交谈者的谈话受到了限制。

然而，在苏联舞台上上演的这出戏也蒙上了一层阴影。原来哲学家又拜倒在他的女向导兼翻译的石榴裙下了。她是一位四十岁左右的棕发女子，既漂亮又有教养。萨特与她发生了关系，直到他回法国前夕为止。不过苏联情报机构可不是吃干饭的：每次她与她的法国情人见面后，都得向他们作详细的汇报。

萨特访问期间，他像一个贵宾受到接待。

……萨特是笔战者？不总是这样……

在开罗神秘的狮身人面像前，萨特、西蒙娜·德·波伏瓦和克洛德·朗斯曼为后代留下了这张照片。他们的埃及之行不仅仅是简单的旅游。

在中东的心脏

萨特一贯持有反殖民主义的立场，他公开反对阿尔及利亚战争，因而引起中东许多思想家和政治家的关注。1967年他访问埃及时，哲学家遇到了一个新的棘手的问题：以色列与巴勒斯坦的冲突。

萨特和波伏瓦在旅行期间受到当地大学生和农民的热烈欢呼。“萨特万岁！波伏瓦万岁！”不过群众的热情多少有些牵强：细心观察的人可以发现一个女教师在向懵懵懂懂的女农民用法语领呼口号。不管怎样，萨特还是受到埃及总统纳赛尔的接见，与他讨论了地缘政治的问题。

萨特一直想了解他造访国家的老百姓真实的日常生活，于是便要求去看看埃及的乡村。埃及最落后的外省农民似乎对有关存在主义哲学的问题准备得很充分。跟随他访问的官员们看到有人把小纸条分发给当地的乡民。每张小纸条上都列出了一系列问题，一个比一个尖锐，由被指定的农民向这位著名的参观者提出。

萨特也参观了加沙的巴勒斯坦难民营。但冲突双方各执一词。他这次出访的目的是既维护巴勒斯坦人回到他们家园的权利，也维护以色列人作为一个民族生存的权利。于是他前往特拉维夫会见以色列议会的议长，以及总理莱维·埃斯柯尔。萨特既关注阿拉伯人的苦难，也同情以色列人的正当要求，希望自己成为和平大使，避免双方再发生流血冲突。

萨特在以色列旅行时，试图找到两个不断在厮杀的民族的和解空间。

……萨特和西蒙娜·德·波伏瓦领略了东方的魅力……品尝到日本的美味……

在太阳升起的国度，萨特领略到东方人陌生的文化。反之，日本人对萨特的评价特别高，法国哲学家对他们而言已经很亲切了。

在太阳升起的国度

1966年5月至1967年5月间，让－保尔·萨特和西蒙娜·德·波伏瓦变成了环球旅游者。就在这个时期，他俩计划访问日本。在萨特看来，这肯定是他有能力访问的最遥远的国家了。再说，从前他曾有过一个梦想，去日本教书。

中国与苏联是用马克思主义的纽带血肉相连的，巴西说的是拉丁语，除此而外，他对日本也十分陌生，甚至一切都显得那么怪异。对萨特－波伏瓦这对情侣来说，这次远途旅行是唯一一次没有被某个意识形态的组织周密安排过的。

有人说：萨特只喜欢共产主义国家，但只有资本主义国家才喜欢他。萨特出于自尊心，极力要否认这一点。在苏联，他的名字不为人知，甚至知识阶层也不知道他；相反，在日本，他的书刚出法文版，日文版也随之而上了。这对情侣受到了国家领导人级别的待遇：记者追踪、新闻发布会、热情的欢迎人群……就连西蒙娜·德·波伏瓦本人也开了一系列讲座，可见他们受欢迎的程度。

在他们这次旅行的四个星期之中，他们的女向导兼翻译朝吹登美子一直有意让他们接触日本文化：博物馆、公园、礼节、戏剧、艺伎……三十年后，她对这段经历做了详尽而动人的叙说，她说他们是她在世上最崇敬的人了。萨特在那里第一次得到一架相机，他使劲地“扫射”了一切。

朝吹登美子是萨特在日本的导游，她对这个法国人访问她的国家写过详尽而动人的回忆文章。

只有一点令萨特很头疼：饮食。鱼竟然生吃！到了第二天的晚上，萨特已经受不了了。“海狸，我要死了！”他对西蒙娜·德·波伏瓦大声吼道。后来，他就成了东京的法国和德国餐厅的常客。倘若没有西方的食品，他也决不碰别人请吃的菜肴，只是勉强喝几口日本上好的威士忌。

……萨特被封杀……

萨特开讲座是开放性的，但只能接受少量听众；为何不利用电视这个媒体把存在主义信息传输给更多的听众呢？

视听的法则

萨特是媒体人物：记者招待会、文章、接受专访、自由发挥都是他传递信息的有效手段。随着电视的普及，萨特与外界交流的方式大大拓展了。但电视小小的屏幕是被国家监控的，而这个国家不信任萨特。

1974年11月，有人向萨特传递了马赛尔·朱利安的一个建议——他当时是电视二台的领导——他想播出萨特的系列讲话，让他谈谈自己。哲学家迟迟未决，因为电视台是国家机构，他不信任。萨特首次拒绝后，计划稍作了更改，让他在屏幕上对二十世纪的历史进行评说。

作家同意了，决定与西蒙娜·德·波伏瓦、贝尼·莱维、菲利浦·加维（他是《人民事业》和《现代》杂志的记者）一起合作。他们有一个根本的原则，就是决不做任何妥协。这档节目将由一家小小的独立摄制公司拍摄，以保证做节目时有更多的自由。对萨特而言，他倒想看看“他们能容忍到哪一步”。

他们拟定了这个世纪六个闪光点。宣传广告短片已经录制，可以听到萨特的声音：“我将向失意者、贫穷的人、资本主义制度下的受害者讲话。”这段六分钟的介绍于1975年1月20日播出。尽管经费方面遇到难题，这个计划还是一步一步在完成，不过很有可能在法国电视屏幕上引起轩然大波。

时隔不久，马赛尔·朱利安就接到一个电话，说雅克·希拉克“不喜欢一个人无时无刻不在诋毁一个社会，他永远在仇恨着”。这个告示是明白无误的，法国电视台的领导人惟命是从，进行了全面审查，于是这档节目就这样夭折了。

马赛尔·朱利安在1974年是电视二台的领导，他建议萨特在屏幕上发表讲话。

……在知识分子的背景之下，这个男人其实已陷入“人造天堂”的陷阱之中……

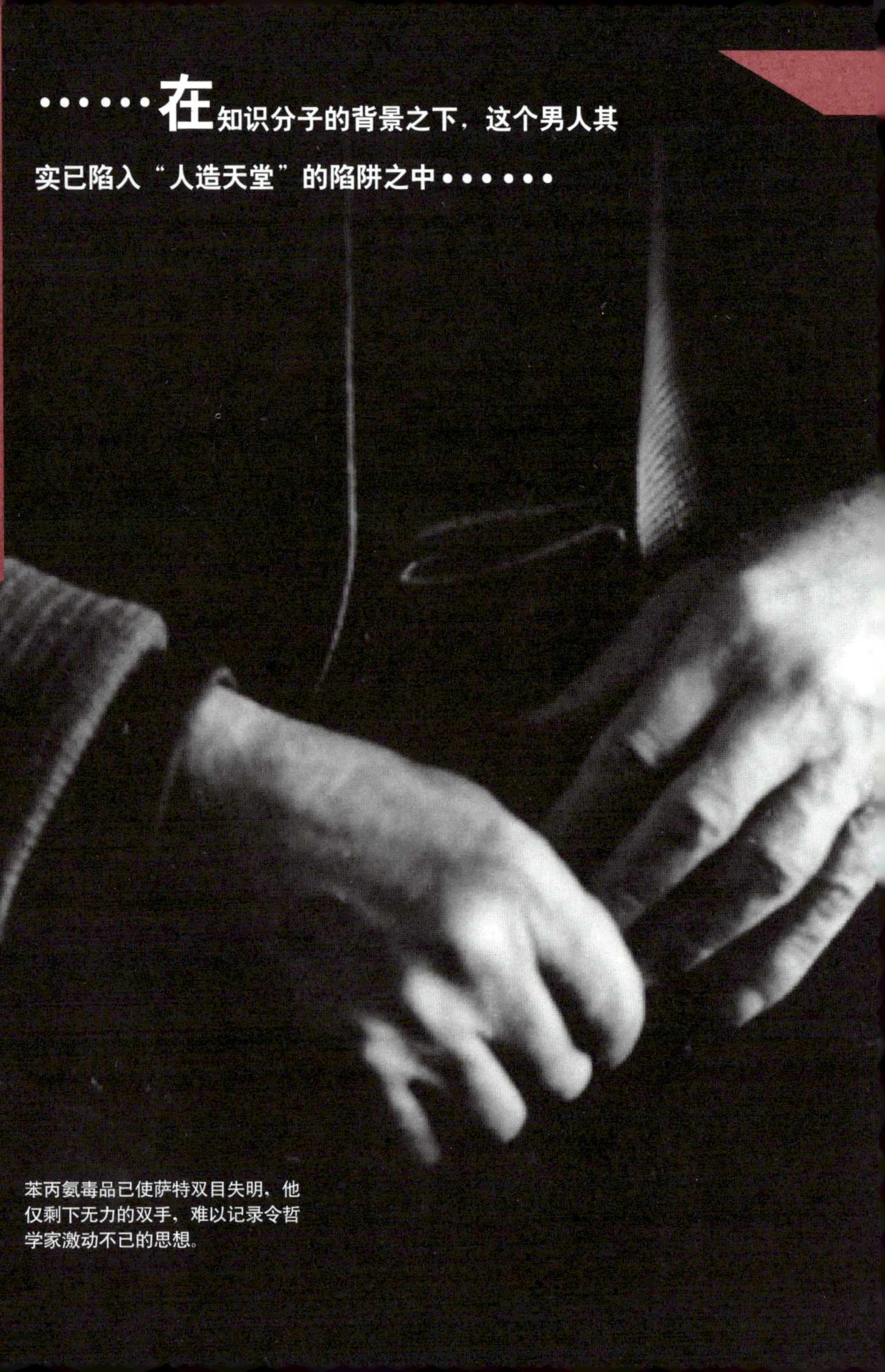

苯丙氨毒品已使萨特双目失明，他仅剩下无力的双手，难以记录令哲学家激动不已的思想。

“激发灵感物质”的灾难

酒精、烟草、苯丙氨……当我们看见让－保尔·萨特的照片和肖像上严肃的形象时，是猜不出他已经吸入过量的刺激性物质的。多年来，他吸入体内的毒品已无情地、不可避免地使他的眼睛变瞎，健康受损。

萨特亲朋圈子里的人后来都说，这位作家、哲学家、斗士为了能带头参加多个领域的战斗，每天吸收了超量的刺激性物质。在五十年代初，萨特已不满足每天抽两包不带过滤嘴的香烟了，另外又增添了十几烟斗的褐色烟丝；他也不满足于随便喝喝威士忌和葡萄酒了。

他的工作量原本已经够大的了，为了使他的精力更加集中，做得更多，萨特开始服用克里特拉，这是一种毒性极强的苯丙氨制品，当时在药房可以随意买到。这种毒品便宜，且易得手，其时巴黎知识阶层精英分子大都服用它……但超剂量地服用必然会造成严重的后果，这是明文告示的，但萨特每天吞服这种药丸，且愈服愈多，最终无可避免地导致双目失明。

在五十年代中期，他已经数次住院。“独眼龙”，这是他无情地形容自己的一句话。萨特还患有高血压。医学诊断是严重的：动脉血栓形成与眼底出血将使他左眼先瞎，最终双目失明。那是1973年的事，当时萨特只有六十八岁，他在身体极度虚弱的状态下活着，甚至可以说苟活着，但似乎他的大脑始终十分清晰。从那时起，他开始与他的秘书皮埃尔·维克多，即真名叫贝尼·莱维的年轻人一起工作了七年，那是他生命中的最后岁月。

毒品侵蚀萨特的身体，毁坏了他的健康，不过，它们没有影响他的思维能力。

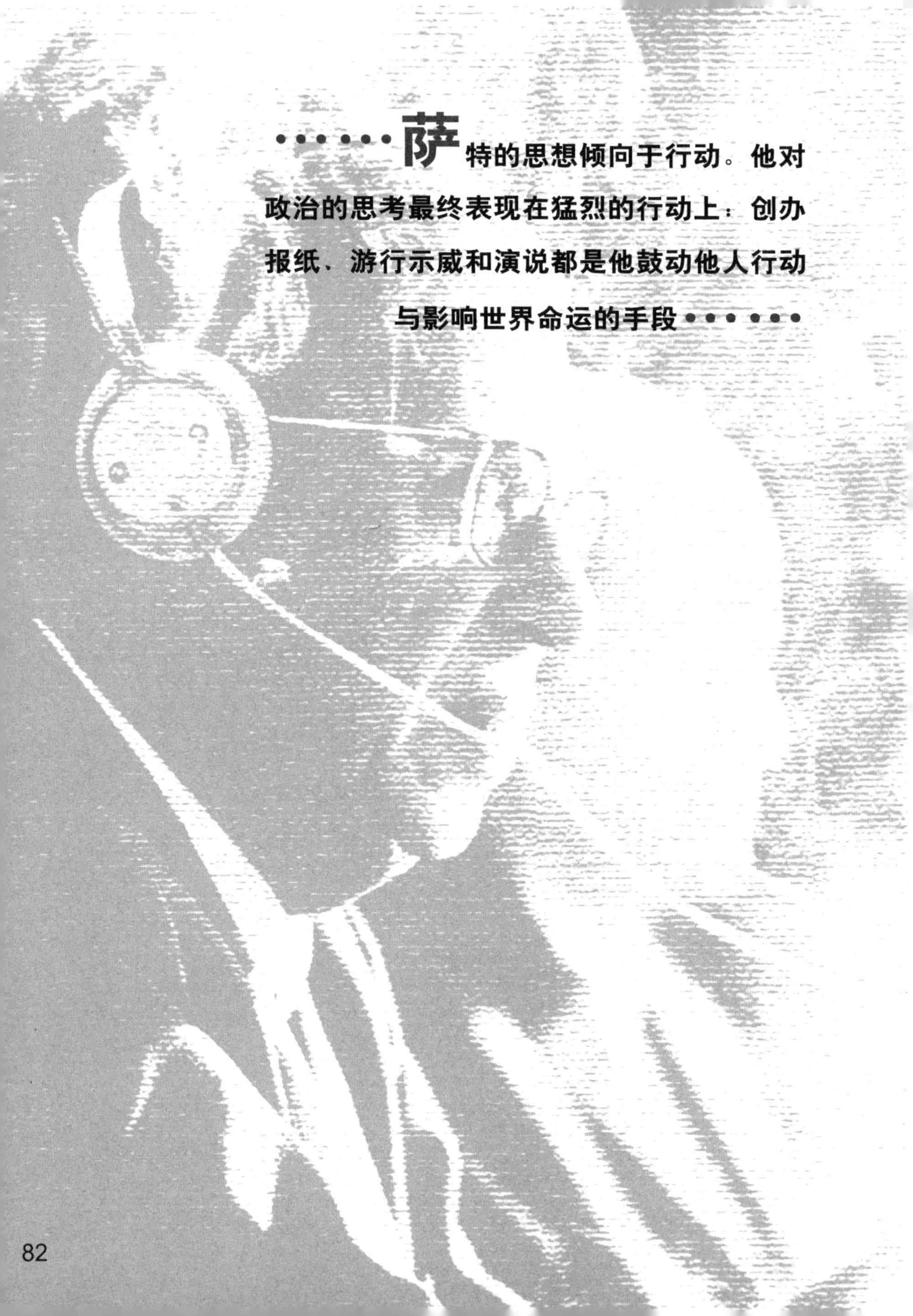

……萨特的思想倾向于行动。他对政治的思考最终表现在猛烈的行动上：创办报纸、游行示威和演说都是他鼓动他人行动与影响世界命运的手段……

5 战斗者

……萨特的作品是被梵蒂冈当局禁止发行的……然而，第十二战俘集中营的犯人们却把他当成一个天才的福音布道者……

IIIB战俘集中营内部的这张照片摄于1943年，与法国被占领初期萨特作为犯人蹲过的战俘集中营相似。

布道的萨特

1940年，萨特在德国的特雷夫市的第十二战俘集中营度过了被占领期间的最初几个月。

萨特作为作家和教授，在战俘中间享有一定的声誉。他是战俘营临时审判团的法官之一，定期给他的同胞们上课。后来，他被吸收进战俘戏剧团，很快成为该剧团的演员和导演。萨特就着手写戏剧、幕间短剧，甚至写了一个有关警察的剧本，但最终没有上演。

为了庆祝圣诞节，萨特写了一出应景剧，剧名叫《巴里奥纳或者雷霆之子》。主题是宗教性质的，其内涵是歌颂起义的。剧情的背景借用耶稣诞生的故事和被罗马人占领的巴勒斯坦乡民的起义。萨特写这个剧本的本意是鼓动犯人反抗，他希望感动他们，使他们意识到眼前的处境。最初的反应倒是让萨特对自己的信心大增，他说道："我揭示了圣诞节神秘的由来，似乎让人大为感动，以致一个演员在演戏时几乎要嚎啕大哭。"

然而，首次演出的戏剧性的效果却与萨特的愿望大相径庭。12月24、25、26日连续上演三次，观众深深被感动了，有的甚至泪流满面。可是萨特在剧本中隐喻的政治含义却完全被人忽略了。被关押的人首先看到的是一个宗教色彩极浓的剧本，萨特把这个宗教家庭搬上舞台让他们深受感动。后来甚至流传下来这么一句话："他的剧本把一个无神论者变成了信徒。"

萨特像其他法国人一样，应征入伍了。这时他穿着军装，但很快变成了俘虏。

……萨特被释放后，就投入到知识分子的抵抗运动中……

萨特从第十二战俘集中营被释放后，发现被占领的巴黎是德国军官为所欲为的天堂。

一家报纸在负隅抵抗

德国占领期间，萨特是用文字投入战斗的：他在一年半的时间里，秘密出版了《社会主义与自由》。

1941年3月，萨特在德国战俘集中营被释放，重返巴黎，决心投入抵抗运动中。他在蒙帕纳斯一家破旧的旅店房间里召集身边的人，讨论出版地下刊物的问题。乌尔姆街的老相识又聚在一起了，其中有西蒙娜·德·波伏瓦、让·布伊翁、雅克-洛朗·波斯特、奥尔加、旺达、梅洛-庞蒂以及德尚迪夫妇。出版物的方向是折衷的，把所有人的想法调和了一下，因为其中有的人是共产党员，有的人反对共产党。萨特斩钉截铁地说道："社论每隔一期必须由马克思主义者撰写。"

安德烈·马尔罗是西班牙国内战争的老战士、伟大的抵抗主义斗士，在萨特的《知识分子的抵抗》一文中受到强烈的批评。

不过，每个人对维希政权都是深恶痛绝的。刊物被命名为《社会主义和自由》。就这样，在巴黎高师的地下室里，伙伴们在极为紧张的气氛中油印传单。按照每人的特长分工负责：有的人对油印机维修保养；有的人撰写社论；最机灵的人往信箱里投送发行物、张贴传单。

地下活动持续了一年半时间，在翌年的夏天，让-保尔·萨特和西蒙娜·德·波伏瓦开始骑自行车做环法自由区旅行，其目的是说服一些知名人士加入到他们的组织之中，其中有安德烈·纪德和马尔罗。但这两个人都拒绝加入这样的行动，这位西班牙战争的英雄认为这类行动不过瘾。萨特和波伏瓦原本希望采取一些措施获取新生力量，但没有奏效。《社会主义和自由》很快就停办了，大部分成员投入到积极的抵抗运动中。

……“倘若江松要我帮带阿尔及利亚军人的行李，为他们提供住宿，只要他们不冒风险，我会为他们去做的，我会毫不犹豫地去做。”……

在萨特看来，这不仅仅是法国军人没有善待阿尔及利亚战俘的问题，而是证明殖民主义的存在，它是灾难和不幸的根源，是阿尔及利亚合法斗争的缘由。

战斗宣言

萨特与他的一百二十一位法国知识分子发出的请愿信被称为“121宣言”，旨在向法国军队在阿尔及利亚的军事行动提出抗议。宣言引起了全国范围内的论战，暴力倾向和感情依恋交汇掺杂，持续了好几个月。

“我们尊重拒绝向阿尔及利亚人民开战的决定，并认为这样的拒绝是合法的；我们尊重在法国人民的名义下为被压迫的阿尔及利亚人提供帮助和保护的法国人的行为，并认为这样的行为是合法的；阿尔及利亚人民旨在一劳永逸地摧毁殖民制度的事业也是所有自由人的事业。”

这是被誉为“121宣言”的请愿书中的部分段落，于1960年9月发表在报刊上。以萨特为首的《现代》杂志的同仁是这份请愿书的发起人，他们又团结了一些知名人士，如：萨冈、安德烈·普鲁东、阿兰·罗布－格里耶、雷维尔、布莱、娜塔丽·萨罗特，以及其他一些人。涉及到与阿尔及利亚的冲突时，国内的政治舆论是爱恨参半。地中海的彼岸战火纷飞，许多知名人士起而反对法国军队对阿尔及利亚民族解放分子使用酷刑。凡尔高，即《沉默与大海》一书的受尊敬的作者，象征性地把戴高乐将军为他颁发的荣誉勋位勋章退回给他。

“121宣言”发表之际，正是审判支持阿尔及利亚民族解放运动的地下秘密组织的开庭之时，萨特的老同学克洛德·江松领导的组织也在其列。萨特虽然与他翻过脸，但他从不耿耿于怀，毫不犹疑地支持江松。这份宣言激起舆论哗然，无形之中给江松的律师罗兰·杜马斯和雅克·凡尔若斯带来出乎意料的帮助。幸运的是，萨特、西蒙娜·德·波伏瓦，以及他们圈子里的其他任何成员都没有因他们大胆而“恶劣”的行为受到镇压。

克洛德·江松被控是支持阿尔及利亚民族战线的秘密组织成员之一，这个案件在1960年开庭。尽管萨特与他曾有宿怨，但还是对他表示支持。

……“署名让－保尔·萨特与署名诺贝尔奖获得者让－保尔·萨特，不是一码事。”……

1964年，萨特、波伏瓦与朗斯曼的会见。与此同时，瑞典国王古斯塔夫四世颁发诺贝尔奖。

萨特拒领诺贝尔文学奖……

1964年10月22日，瑞典诺贝尔科学院把文学奖授予让－保尔·萨特，被拒绝，于是又一次引起了激烈的论战，论战双方各执一词，强烈地表达自己的想法。

《文字生涯》一书于1964年初出版，这部自传体小说很快获得巨大的成功。几个月后，作家突然得知他有可能获得诺贝尔文学奖。这个殊荣，萨特坚信自己是能得到的，但他不愿意要。他在圈子里的朋友陪伴下，坐在蒙帕纳斯咖啡馆的小圆桌旁，起草了一封信，大家认为他是想悄悄地把自己排除在这个奖项的候选人之外。

“出于纯粹私人的原因，我希望自己不要出现在获奖候选人的名单上。”这封信于10月14日寄给诺贝尔评奖机构的秘书处，萨特以为这样做就能避免自己处于不相称的地位带来的荣誉。这个永远在追求自由的人，以往就一直对因他的声名而带来的任何表彰惟恐避之不及。他故意提前把自己的想法告知评审团，以为悄悄地采取这个回避的做法，将永远不为世人所知。然而，肯定是由于技术方面的原因，这封信没有按时到达。

10月22日，官方宣布：“今年的诺贝尔文学奖将授予法国作家让－保尔·萨特……”萨特不得不面向全世界公开正式宣布拒绝这份殊荣，同时也不让对他多疑的瑞典人为难。他的这个作秀的意图，随即变成了一个丑闻，引起轩然大波。后来，谈到巨额奖金时，他想了想，多少带点儿憾意地说道，倘若有了这笔钱，他想捐献给诸如反种族隔离这样的事业。

1964年10月22日，在宣布诺贝尔文学奖那天萨特留影。

5 战斗者

……“我们是群众的一分子，我们的观点也为群众着想。”……

萨特召开“罗素法庭”的一次会议，旨在谴责美国在越南犯下战争罪行。他占有的席位存在了几个月。

萨特主席

由让－保尔·萨特主持的“罗素法庭”在数年之中一直致力于对美国入侵越南进行审判。这是当今审判前南斯拉夫和卢旺达的战争罪和反人类罪的国际刑事法庭的前奏。

伯特兰·罗素是英国哲学家、数学家和作家，诺贝尔文学奖获得者，在他的提议下，法庭集体协商，重新组织一些知识分子和法学家（包括法国人、美国人、意大利人、日本人、奥地利人、土耳其人……），专门收集证据和证词……在1968年5月法国爆发学生运动之前漫长的几个月中，萨特就做了这一件事情，他在许多地方，特别是在瑞典和丹麦开庭过若干次，致力于发挥该机构的作用。

记者招待会一个接着一个。让－保尔·萨特作为法庭主席，对美军入侵越南遭到惨重的失败表达了自己的观点。特别是美国明明有可能选择和平解决冲突的措施，却用恐怖和种族灭绝的貌似合法的手段处理，他感到特别气愤。不言而喻，该法庭的开庭遇到了严重的困难，尤其在法国。

伯特兰·罗素是审判美国入侵越南的法庭的缔造者。照片上显示他正从瑞典国王古斯塔夫四世的手中接受诺贝尔奖。

这次行动又一次验证了萨特、他的同胞与法国政府的关系。1967年4月，作家向戴高乐将军提出了一个请求：由于法庭打算在法国开庭，而法庭的某些成员因国籍问题得不到临时签证，他希望能解决。回复很不客气，甚至具有挑衅性，在回作家的信中，戴高乐将军使用了表面恭维实际讽刺的措词，信的开头是这样写的：“我亲爱的大师……”于是萨特在《新观察家》杂志上写了一篇短文，巧妙地反击了一下，他说道：“只有咖啡厅的侍者才有权这样称呼他，因为只有他们才知道他在写……”

……1968年5月，萨特会见了“红色达尼”，面对激进的大学生，他很高兴能阐述他的观点……

萨特和达尼埃尔·高安在1974年再次重逢。

萨特或是红色生活

达尼埃尔·高安如今被他的欧洲伙伴们看成是绿党的议会成员，可在1968年却是个天才的捣乱分子。他组织了声势浩大的抗议运动，成为一代年轻学子心目中的英雄。

受《新观察家》杂志之请，让-保尔·萨特首次会见了“红色达尼”，他是被大多数法国人简单称之为“疯子”的一群年轻人的头儿。萨特说道：“照我的看法，五月的这场运动是第一次大规模的社会运动，它取得了某些与自由很接近的成果。”

萨特逝世后几天，达尼埃尔·高安到一家电视台的录音棚里，为追悼这位哲学家参与录制一档节目。

萨特在任何时候支持任何形式的自由，他当然毫无保留地支持学生运动，利用杂志这个阵地表达他的思想，进而反对具有传统思想的教授，猛烈抨击雷蒙·阿隆。阿隆是与他同时在巴黎高师求学的学生，也是他最早的同学。这位时年已六十三岁的哲学家，受保卫巴黎大学的暴动学生之邀，在座无虚席的梯形大教室里畅所欲言。他很虚弱，已经有病在身，在个把小时的时间里，竟重新找回了近乎野性的畅所欲言的快感，或者说，他可以借助讲话，用他那低沉而具有感染力的嗓门，表达他的哲学、政治或社会思想。像以往一样，他的魅力征服了非常想听“大师”演讲的公众。

1974年，这两个人又重逢了，不过这一次是在德国，因为达尼埃尔·高安被禁止在法国逗留。克罗斯·克洛瓦桑是极左的恐怖主义分子安德列亚·巴德的辩护律师，他请求萨特到斯图加特去，作为见证人，看看当局是如何野蛮地对待红色旅的积极分子的。在他参观完斯塔海姆监狱后，举行了记者招待会，“红色达尼”充当他的翻译。

5

战斗者

……面对威胁与审查，哲学家的反抗表现出他惊人的能量……

萨特在卖报纸？是的，倘若涉及到捍卫法国的言论自由时，他更加积极。

人民的代言人

六十年代末，出现了几家对现实不满的报刊，内政部长先是审查，继而禁止发行。萨特再次接受充当担保人，自告奋勇地担任了《人民事业》的主编。

1968年群众运动之后，出版物遍地开花，当时的法国政府有点儿坐立不安了。当时的内政部长是雷蒙·马塞林。在众多“不受欢迎”的出版物之中，《人民事业》毫无疑问是被议论最多的一家，不仅是它的内容，而且还因为它的被禁引起了广泛的反响。《人民事业》的始作俑者是一个被称作“无产阶级左派”的组织，它于1970年3月22日被查封，其领导人让－皮埃尔·勒东泰克被逮捕。米歇尔·勒布里取代了他的位置，旋而也被捕了。

阿兰·热斯马尔在双猴咖啡馆的一次午餐上，冒出了一个想法，请萨特出山介入《人民事业》的事件之中。1970年4月28日，当时的内政部长因两年前的暴动曾使法国瘫痪而心有余悸，对共产主义小组一概封杀。就在此时，萨特接管了该杂志。他又把西蒙娜·德·波伏瓦和他的《现代》杂志的成员拉了进去，他们在大街上散发被禁的报纸，号召行人和记者“过问《人民事业》”。

萨特和他身边的人踏上了社会，在警署受到盘问，旋即又被释放了。盛名之下，萨特又一次脱身了，而他的年轻的伙伴却没有幸免于难……几个星期后，他被召去为阿兰·热斯马尔一案作证，年迈的哲学家高傲地藐视法庭，径自前去比朗古尔，在工人们面前主持会议。

西蒙娜·德·波伏瓦也在捍卫《人民事业》。

……萨特对雷诺工厂的工人们表示支持，在全国引起反响……

萨特无疑是二十世纪媒体最关注的哲学家。

萨特在"牢笼"

让-保尔·萨特受人尊敬，有时也让人害怕，他不时地帮助他的毛主义的朋友们。他的出现，他的支持，他的介入，都会使任何抗议行动得到全国的响应，并且迅速在法国的报刊，甚至在全世界的媒体上引起反响。

萨特介入雷诺工厂后的整整一星期，刊物、日报和画报登出了一张照片，只见萨特靠在一只汽油桶上，向比朗古尔市的雷诺工厂的工人们作报告。这张广为人知的照片摄于1970年秋天，将永远留在人们的记忆之中。他的衣着在人群中非常显眼，比穿军装的卡斯特罗和穿蓝制服的毛泽东好认多了。高领运动衫紧裹着颈脖，硕大的玳瑁框眼镜，假毛皮翻领的羊皮里上衣，这就是萨特的"军服"。

"解放热斯马尔"，这是伟大的哲学家报告中的最后一句话，他在讲话中主张把无产阶级和知识分子组织起来，组成一个统一战线。几个月之后，在塞甘岛，他又有了第二次奇特经历。

萨特此时正全身心地投入编写福楼拜的生平，在贝尼·莱维的请求下，决定利用他的名声，支持莱维的伙伴们。被辞退的工人们为了重新回到雷诺车间，已经开始了绝食斗争。萨特被禁止进入工厂总部，他是躲进临时租用的雷诺小货车里才悄悄地钻到里面去的。有几个记者和毛主义的朋友陪伴着他。工厂的保安先是推搡他们，后来干脆把他们赶出塞甘岛。萨特与他的朋友们也有收获，他们见证了这里的氛围，按照他们的说法，像一个"牢笼"，而报刊上铺天盖地地把这起事件的经过作了详尽的介绍。

阿兰·热斯马尔是"1968年5月"暴动的老领导人，1970年6月25日被捕。

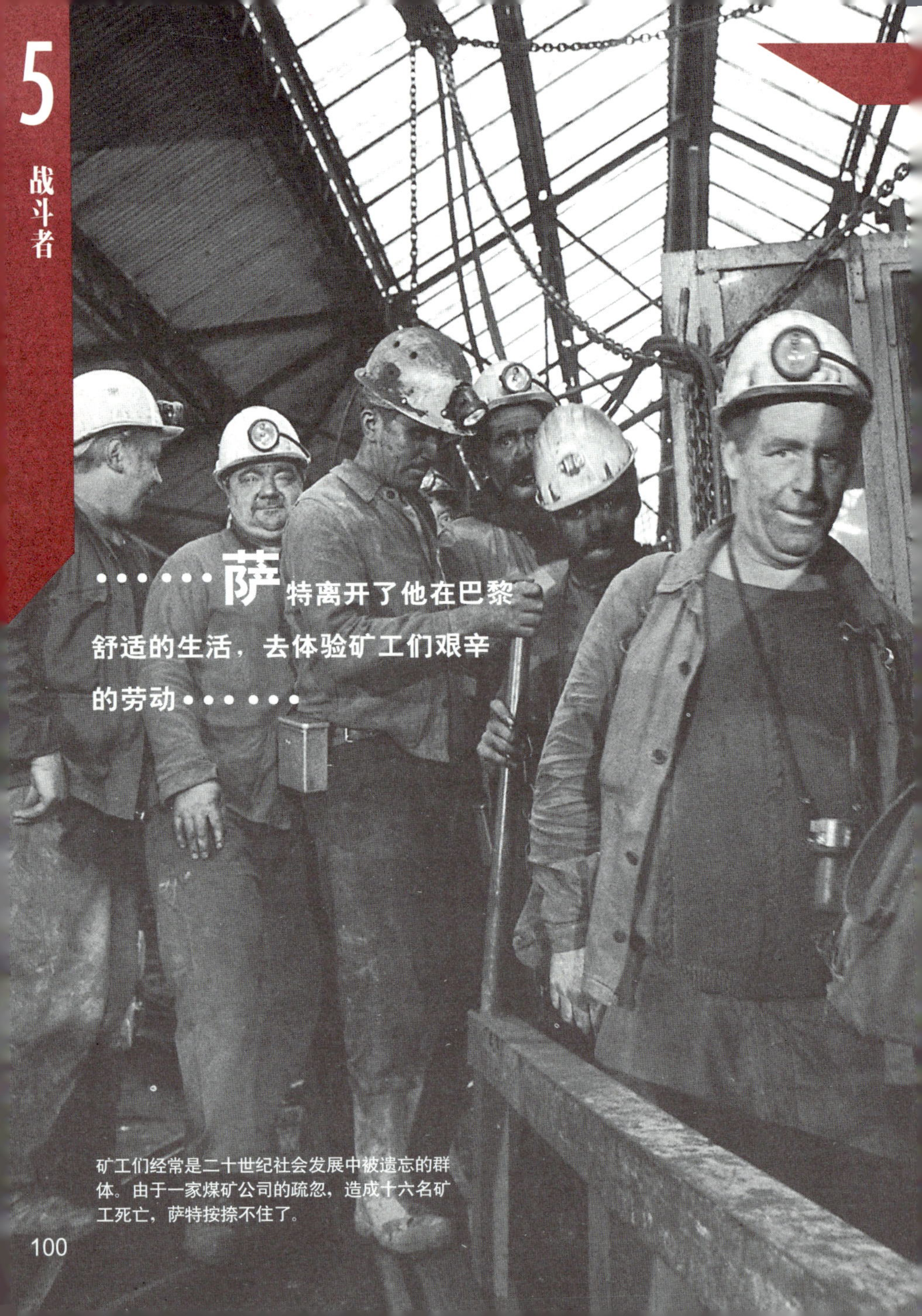

……萨特离开了他在巴黎舒适的生活，去体验矿工们艰辛的劳动……

矿工们经常是二十世纪社会发展中被遗忘的群体。由于一家煤矿公司的疏忽，造成十六名矿工死亡，萨特按捺不住了。

哲学家在矿上

萨特在政治上的介入很大程度上是受了马克思主义哲学观和社会观的影响。哲学家对社会的不公平现象深恶痛绝，他自然而然会加入维护工人权益的活动之中。萨特一直过着舒适的生活，矿工的生活，哪怕只有两天，对于他也是艰苦的经历。

1970年12月，法国北部的一个煤矿瓦斯爆炸，造成十六名矿工死亡。许多人认为责任在煤矿领导，一枚汽油弹扔进了领导的办公室。几个年轻人为此必须在朗斯的地方法庭接受审讯。为了表示对他们的支持，一个控诉矿主的人民抗议法庭也同时成立了。萨特是这个法庭的检察官。

让-保尔·萨特为了展开调查，亲自去实地考察，受到这个灾难地区的工会负责人、工人以及矿工的热烈欢迎。萨特发现了另一个世界，与他在巴黎的舒适生活截然不同。他睡在矿工宿舍，喝着他们为他提供的劣质的葡萄酒；他哮喘病发作，得不到彻底休息。他同时发现矿工们的工作环境异常恶劣，于是对煤矿公司提起诉讼。

公司遭到人民法庭的控诉，应该说，他的这次巡视还是成功的。萨特在他的起诉书里，控告公司领导蓄意谋杀，声称任何人都不能无视人民的权益。官方法庭最后宣布被告无罪。不过萨特再也不做这样的考察了，他与工人们的接触只是表面文章，甚至认为对他的政治思想的形成没有用处。以工人的姿态，设身处地去了解他披露过的工人们的生存状态并非萨特的本意，他们的生活与他的生活格格不入。对此，他曾对李利安娜·西埃热尔说过：“我问自己到这里来干什么！”

1970年，萨特和波伏瓦在去法院的路上。同年，萨特成为朗斯抗议法庭的检察官。

……“我想我在与一个朋友打交道。”安德列亚·巴德说道……

在克罗斯·克洛瓦桑和让－保尔·萨特共同举行的记者招待会上，他们揭发了被非法拘留的安德列亚·巴德的生活条件。

不与巴德开玩笑

安德列亚·巴德是红色旅极左派革命小组的头儿，当时被监禁在德国斯图加特。萨特在访问他时，对德意志联邦共和国进行了猛烈的抨击，说他们把巴德当成头号公敌看待。

在安德列亚·巴德的律师克罗斯·克洛瓦桑的提议下，让-保尔·萨特才想到请求德国政府允许他前去与这个红色旅极左派革命小组的头儿会谈，后者被起诉制造了四十余起政治谋杀事件。由于巴德从事恐怖活动，他被判终身监禁。他与他的同伙——包括他的妻子在内——被关押在斯图加特市的斯塔海姆监狱里的一个十分安全的区域内。

巴德和他的副手们不断绝食以抗议隔离，因为这与国际人权公约提出的条件出入很大。德国的极端主义分子胡尔热·曼兹被囚禁在斯塔海姆监狱时，就死在里面。萨特应巴德的律师之请，决定前去监狱会见这位极左派的领导人，以便见证他被拘留的监狱极为恶劣的生存环境。

萨特前往巴德被囚禁的斯图加特监狱。

1974年12月4日，皮埃尔·维克多——当时还没重新启用他的真正的姓名贝尼·莱维，与达尼埃尔·高安一起，陪伴萨特来到斯图加特市，并且迅速进入斯塔海姆监狱。在巴德给予萨特半个小时的会见中，犯人在日后有这样一句苦涩的评价："我想我在与一个朋友打交道，他们为我找来了一位法官。"会谈虽然没有深入，但萨特还是在随后召开的记者招待会上谈到了拘禁"巴德团伙"的非人道的生存条件。他认为："生存条件是难以容忍的。"只有单独为西德政治犯准备的、由人工控制照明、完全隔音的牢房，才多少能得到这位法国知识分子的首肯……

“救人要紧”

在二十世纪七十年代，将近有四十万越南人逃离当局的镇压，登上命运之船。

给越南一条救命船

在世界各地医生们的提议下，1979年开展了一次人道主义救援行动，旨在拯救在海上搁浅的人民号船上的越南难民。萨特喊出“给越南一条救命船”的口号，这是他最后一次公开的“战役”。

1979年，在爱丽舍宫的台阶上，一个匿名摄影记者按了一下快门，从此为我们留下了一张照片，这在几年前，简直不可想象照片上的人是真实的。毫无疑问，这是萨特最后一次正式出现在公众场合之中。他的旁边站着安德烈·克鲁斯曼、米歇尔·福柯和雷蒙·阿隆，后者是萨特的老同学，他俩对共产党的观点分歧已有多年。当有人请萨特参加一次旨在拯救人民号难民船的人道主义共同行动时，萨特全然不在意这个提议是由雷蒙·阿隆提出的事实，立即接受了，他又一次出于正义感，把私人恩怨置于脑后。

米歇尔·福柯，法国哲学家，与萨特为拯救人民号船共同战斗。

他身体虚弱、双目失明、走路摇摇晃晃，在他的老伙伴的陪伴下，于1979年6月26日，前去会见法国总统吉斯卡尔·德斯坦。关键问题是什么？此时有数千个越南难民为躲避当局的迫害，登上小船在中国海上航行，如果不去拯救他们，他们必将悲惨地死去。

这个请愿代表团在爱丽舍宫被接见之前的一个星期，哲学家已经在巴黎召开过一次记者招待会，解释这次行动的必要性。由国际上的一些医生提出的想法其实很简单：派一条救生船去医治幸存者，并且把他们送到愿意接受他们的国家，主要是西方国家。

“有些人快死了，救命要紧……这是一个纯粹道德范畴的要求。”失明的哲学家对着麦克风和镜头大声疾呼。他们的干预将有助于数千难民获得签证。

……黑夜降临到萨特的头上。他忍受着年老体衰的考验，以及贝尼·莱维有保留的支持，失明的哲学家在寻找新的表达方法。他的去世使他周围的人，以及其他听他的演说，在哲学和政治上开始觉醒的成千上万个人悲恸不已……

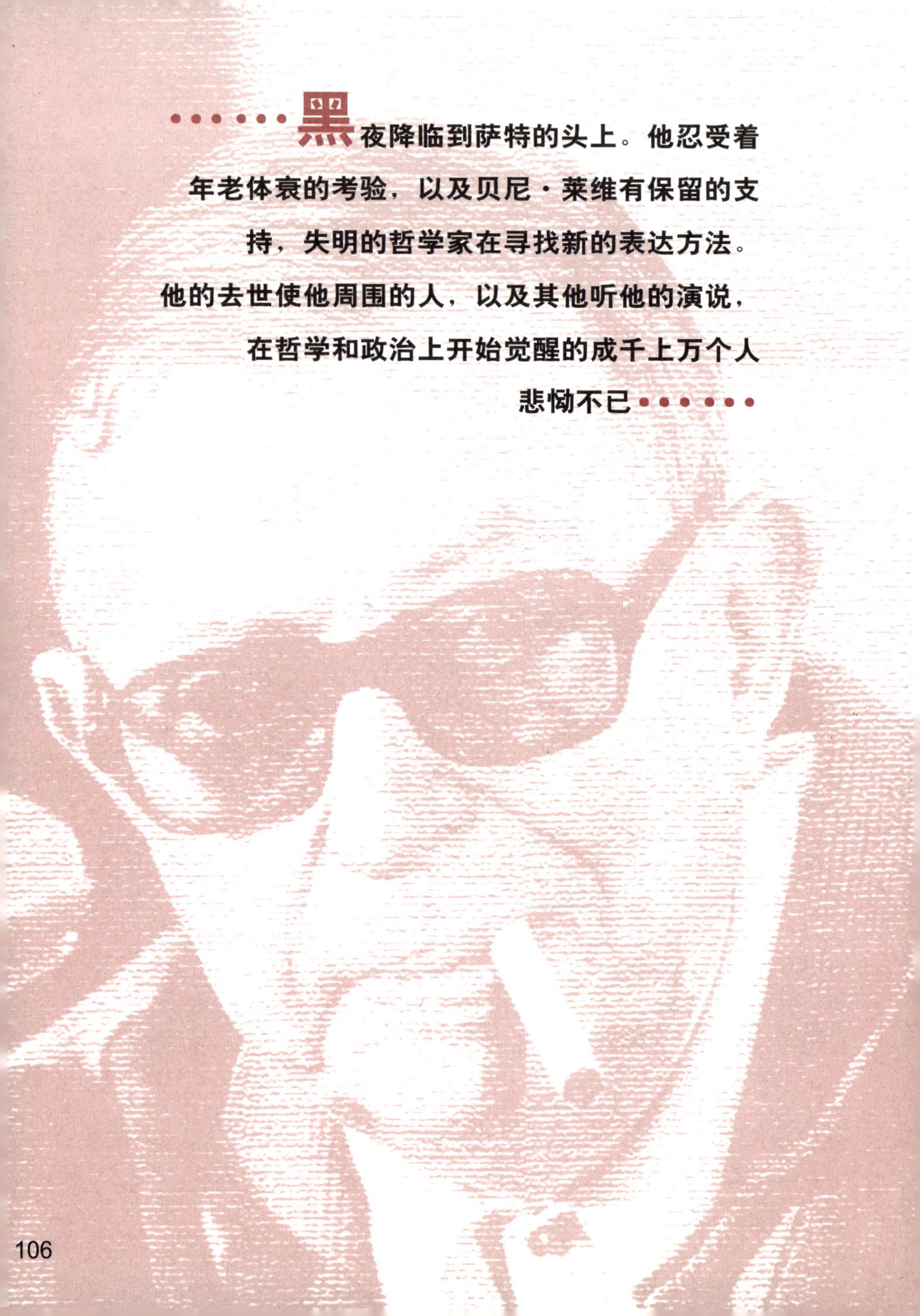

6 夜的彼岸

……“我的作家生涯，已经完全毁了。”……

这张照片摄于1975年。让－保尔·萨特倘若没有他身边的人多多少少有些保留的帮助，已经不能工作或是走出他的寓所了。

黑夜中的七年

“一段时间以来，我的右眼上有一层翳，使我单目失明，形成斜视，但并没有造成什么影响。人们为我拍了一百张照片，我的母亲用铅笔在上面都加工过了。” 让－保尔·萨特对自己的尊容从未偏爱过，他在《文字生涯》一书中描绘自己眼睛的缺陷时，既不激动，也不悲天悯人。可在他生命中的最后七年，他再也写不出、认不出这样的句子了。

对他而言，1973年是黑暗的一年。让－保尔·萨特在几个月前，已经出版《家里的白痴》第三卷，这是关于古斯塔夫·福楼拜的自传体作品，可惜他不能最终完成这部巨著了。三月份，他第一次受高血压的冲击，大大降低了他的视觉功能。其主要原因是他多年来服用了大量刺激性的物质。

秋天，他又一次发病，使他最终陷入黑暗之中。贝多芬在他的晚年失聪了，与他的情况类似，萨特作为一个文人，丧失了写作不可或缺的视觉功能，与被判死刑无疑。

“我的作家生涯，已经完全毁了……我生活中的唯一目标，就是写作。现在，我的存在已毫无价值。我是一个写家，现在要改变也太晚了点。倘若我在四十岁时丧失视觉功能，可能情况就不一样了……”米歇尔·贡塔在采访他时，他这样说道。这段话于1975年刊登在《新观察家》杂志上。在1973至1980年间，萨特已经成了自己的影子。他在他忠诚的追随者支持下，在他的秘书帮助下，完成了最后的一些工作，但遭到许多闲言碎语。在这最后的七年里，他住在埃德加·基内大街二十九号的寓所里，过着盲人的生活，时间的支配完全由他人决定，他们带着虔诚的心情在他的套间里来来往往。

萨特是二十世纪风云际会的见证人，最终双目失明，不得不在永恒的黑夜里学会生活。

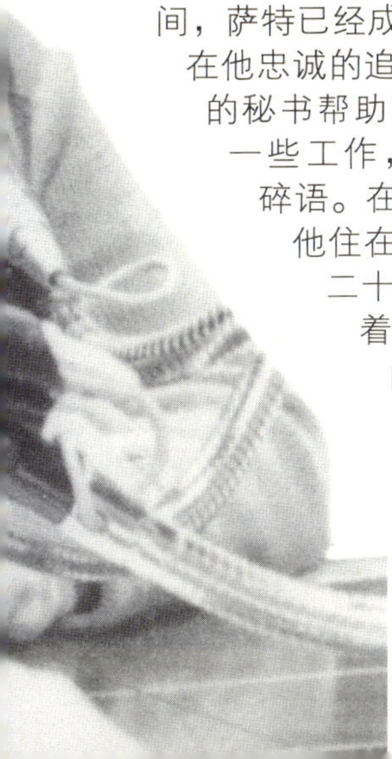

……在萨特看来，人到老年就会感悟到灵魂与肉体之间本质上的谐和关系破坏了……

在西蒙娜·德·波伏瓦办公桌的墙上，永远挂着萨特的一张照片，即便萨特变成了废人，她还是一如既往地竭尽全力支持他。

反常的萨特

1973年，萨特无可挽回地失明了。很长时间以来，老人就一直疲劳过度、重病在身。他一生中的最后几年使他异常艰难地经受了风烛残年的考验。

双目失明的让－保尔·萨特已到风烛残年，他像一个处处受人支配的废人那样度过了格外动荡不安的最后时光。他的日常生活时刻离不开别人。他寡言少语，经常一言不发，仿佛已经不存在了。他的嗓音，过去是那么动人心弦，如今已经难以辨听。许多人都证实，理解从他嘴里吐出的支支吾吾的话是十分困难的事情。间或，他似乎又苏醒了，会说出很长一段话，很有条理，很精彩，也很尖锐。此刻，他又变成了原先的那个萨特，他的真诚的朋友们像以往那样兴奋不已。他身边的人都不愿意承认，他眼下有多么虚弱，他已不再是哲学家、民权捍卫者、渴望正义的斗士、语言犀利的记者了。西蒙娜·德·波伏瓦提到了“萨特的肉体与生活情调之间的不谐和”。

暮年的萨特

从他1973年彻底失明到1980年去世，在这期间，贝尼·莱维既是他的秘书、哲学伙伴，又是他的护士。如同见证这一对非同寻常的二重唱的人说的那样，他最关心的一件事情，就是让萨特的头脑始终保持清醒状态。这么些年“清醒状态”的成果，就是这两人之间的著名对话结集出版了。这本书后来在与萨特亲近的人中引起轩然大波，他们谴责贝尼·莱维“剽窃了老人”。

在萨特离世后将近两年，西蒙娜·德·波伏瓦出版了一本感人肺腑的书：《永别的仪式》。这本书在文学界引发了最后一次激烈的论战。她粗野地、毫无顾忌地披露了那个化为尘土的人的所有软弱之处，以这样的方式向她生命中的那个男人致以最后的敬意。他俩爱情永恒的基石不就是真诚吗？

……他以全部热情创办了《解放报》，但只为这张报纸写了几个月……

萨特创办的《解放报》，第一期在1973年问世。

自由风格的日报

《解放报》是一群杰出的左翼知识分子的思想阵地，让－保尔·萨特是其编委会成员。几个月后他双目失明，离开了这家报纸。

塞尔热·朱利是当今《解放报》的主编，曾与萨特一起创办这份报纸。

萨特自接受《人民事业》的领导岗位之后，在没有得到任何方面许可的情况下，又风风火火，甚至一心一意地投入以介入社会为己任的出版事业中：他支持办解放新闻社，后又支持创办同名日报，这些都是经历过1968年5月风暴洗礼的左翼分子小组的喉舌。

1973年2月，第一份报纸问世，很快，所有人都亲切地称它为“解放”了。在报亭卖出第一期之前的漫长的几个月，他们就酝酿出版这份报纸了。萨特完全投入到报纸的创办之中，放下了手头上所有的工作，正在续写的有关福楼拜的随笔也随之停了下来。他说道：“在六个月之中，我丢下了文学，我希望大家都知道我为这份报纸已竭尽所能了。”他心里只有《解放报》，在它创办初期，他在经济上也给予了支持。他与贝尼·莱维的谈话结集出版后的版税，他也倾囊而出了。他在接受雅克·尚赛尔的电话采访时，用很长时间谈到了他的计划，特别提到了《解放报》的自由风格，萨特希望它为法国出版带来新的气象。

萨特已经失明，在难以随心所欲地阅读与写作的情况下，他放弃文学创作，以便集中精力，勉为其难地为这份日报写了几个月的专栏。他在报纸上写的最后几篇文章涉及到以色列、佛朗哥之死、妇女解放，以及其他在他离开这个世界之前，他以全部身心，虔诚地介入的各项主题。

6 夜的彼岸

……萨特是个多情的种子，直到他生命的黄昏之年，他仍念念不忘……

法国女小说家弗朗索瓦丝·萨冈与萨特也有过一段不为人知的友情。

永不消逝的魅力

有好几年，萨特的身体状况好歹一直在维持着，但到了1979年的复活节，就急转直下了。难得见他一面的朋友，蓦地发现前面站着一位颤颤巍巍的老人，都大惊失色。然而，这个人永远都在散发一股独特的魅力……

萨特即便在苟延残喘之际，也接待过几批崇拜者。某日，塞尔热·杜布罗夫斯基就按响他家的门铃。“猛一看，一个老人。站在我面前，畏畏缩缩的，米色上装，半皮半毛的，古里古怪。闻到灵车的味道。声音低沉，抖抖颤颤，‘请进。’……我又去看那个伟大的老人。在我面前显然是一具干尸。”交谈了几分钟之后，蜕变完成了：“他完全清醒过来，他的嗓门放松，发出金属板的颤音，说话直截了当。”

几个星期之后，萨特很高兴在《巴黎早报》上读到署名为弗朗索瓦丝·萨冈写的《致萨特的情书》：“在我们的时代，您是唯一一个有正义、有尊严、有气度的人：不停地工作，为别人奉献出一切；生活不事铺张也不简约，我行我素但不得意忘形；做爱也给予爱，讨人喜欢也随时被人喜欢；任何方面都超朋友一筹，以效率、智慧、激情使他们热血沸腾，但不时转向他们，以示平等……”

萨特的健康每况愈下。不过一旦与他的崇拜者交谈时，就像变了一个人，又成了上天派来的演说家，让听者兴趣盎然。

萨冈与萨特相识相知纯属偶然。一天傍晚，萨冈、她的丈夫、萨特、波伏瓦在同一张餐桌上用晚餐。从这时开始，他俩就神交了。

萨特感谢她写了这封信。他俩常见面，每隔半个月必共进晚餐。彼此都在品味着对方的潇洒、自然、不装腔作势带来的乐趣。萨冈觉得萨特非常完美。此时的萨特已走到生命的尽头，但仍然魅力不减。

……因贝尼·莱维常年在萨特的身边，他对萨特的影响是大家议论的话题……

贝尼·莱维是萨特晚年的主要支柱，但存在主义信奉者们议论纷纷，他涉嫌“剽窃了老人”。

幕后掌权者

判断这位极左派的年轻、狂热的斗士对双目失明的哲学家的影响究竟有多大是十分困难的。也许人们可以猜测，贝尼·莱维与他天天见面，为他朗读作品，然后与他有口头交锋，这样必然影响到这个已经残废的老人的思想。在萨特去世的几天前，《新观察家》杂志刊登了他们之间的谈话，萨特的亲信一片愕然，产生疑惑。

老人与新人之间多少总有些敌对情绪。一面是萨特一生的亲信，首当其冲的是西蒙娜·德·波伏瓦，她从一开始就与萨特在精神上相互依赖。

另一面是贝尼·莱维，在很多人看来，这是个讨厌的家伙，而他与萨特平起平坐，引起公愤。这个伟人年老体衰，愈来愈依赖他的秘书，以致在他亲信的眼中，伟人被秘书操纵了。因此，他俩的谈话刊登在《新观察家》杂志上之后，便群情激昂了。这件事事先没有征求西蒙娜·德·波伏瓦的意见，她觉得自己被欺骗了。萨特的言论变得很不连贯，而莱维的调门仿佛是在屈尊俯就的样子，特别是有些论点延伸了，如犹太主义的问题，仿佛都成了秘书的研究成果。

每次讲座，贝尼·莱维(右一)如影随形地待在萨特身边。

他俩的谈话记录刊登在1980年3月10日、17日、24日的杂志上，于是在萨特的领地炸响了一个春雷。波伏瓦咆哮了，她的反应异常强烈：在她看来，这是一次真正的决裂，因为写作是她与萨特长年来忠贞不贰的基础，而现在居然由别人越俎代庖了。

然而，暴风雨来得迅速走得也快。3月19日，波伏瓦去唤醒萨特，发觉他已经生命垂危。他只有几天的时间了。此刻绝不是萨特同伙内讧的时候，法兰西将失去一个可为数代人提供真正参照的伟人。

……萨特消失了，这个世界上的大人物和普通人都向他道别……

瓦莱里·吉斯卡尔·德斯坦曾建议西蒙娜·德·波伏瓦同意为萨特举行国葬。但她尊重萨特的信念，拒绝看到他的思想被如此“扭曲”。

最后的敬意

1980年4月15日，萨特死于肺气肿。壮观的人群护送萨特的遗体从布鲁塞医院一直走到蒙帕纳斯公墓。他们向对二十世纪产生重大影响的一个人表示深深的敬意。

1980年4月20日是春季里阴沉的一天，五万人！这是巴黎警察总署对出席在蒙帕纳斯举行葬礼的人大致估计的数字。人群密集，场面感人，人声嘈杂但很有节制；人如潮水，顺着预定的路线在慢慢移动。午后两点，送葬队伍从医院出发，沿着哲学家最后生活、思想、写作的巴黎第十四区的大街小巷，蜿蜒前行。

这是从全国各地来的五万个弟子！在萨特亲信和朋友们的身边，簇拥着作家和哲学家，大学生和艺术家，工人和知识分子，持不同政见者和军人，记者和各界人士。但这肯定是不分种族、阶层的人群，是“任何人”，萨特生前总是喜欢这样称呼老百姓的，这些都是“他的”老百姓，他地下有知会欣喜不已。在他漫长的一生中，他已与这“任何人”同化，为他们的利益而行动，他们也没有错过最后送别他的机会。在公墓的小径上、在他最后生活过的埃德加·基内大街的寓所楼下，在蒙帕纳斯咖啡馆的街面上，人们聚集在一起……

在三公里长的大街小巷，集中了五万人！他们使这次下葬变成了一个历史事件。争吵、推搡、不适和跌跤又算得了什么！大家都很动情，如果需要，这正证明了这个人对他的时代影响之大！如今，在蒙帕纳斯公墓，漫步者们会在一块小小的墓碑前驻足停留，萨特与六年后随他而去的西蒙娜·德·波伏瓦合葬在这里。

萨特与波伏瓦在永恒的死亡中相聚了，他们被葬在蒙帕纳斯公墓的同一个墓穴中。

……在哲学家的墓地上，爱的踪迹遍地开花，使人联想到萨特的思想永远活在人们心中……

蒙帕纳斯公墓是巴黎继著名的拉雪兹神甫公墓之后规模第二大的墓地，它被选为萨特最后的归宿。

永恒的归宿

萨特－波伏瓦这对恋人的墓地再简单不过了。在追寻这两位作家诗人般的芳踪时，在蒙帕纳斯墓地的小径上，人们可以进入一块小小的圣地拜谒伟人。

“他们已经使我进入历史。万事皆休，只差蒙帕纳斯公墓里的下葬地了。”在谈到一份与他的作品有关的资料时，他对一个女友这样说道。哲学家下意识地提到，他将被下葬到离塞纳河左岸他最后住地几百米远的地方，他不愿意离开那儿太远。阿妮·高安－索莱写过一些资料最全面的传记，其中一本详尽地叙述了萨特的生平，她把萨特的这个意愿提出之后，葬礼的组织者在匆忙中临时改变计划。

萨特的形象将永远是介入社会和追求完美的哲学的象征。

“谁也没有预先想到他的后事。”按惯例总是在拉雪兹神甫公墓的家庭墓穴区为他找一个地方的。但现在看来，萨特生前并不喜欢这个地方。他圈子里的朋友担当起了另选墓址的任务。于是雅克－洛朗·波斯特、让·布伊翁、克洛德·朗斯曼在萨特去世后的次日去了蒙帕纳斯公墓。他们在那里会见了公墓的头儿，他宽慰他们说：“你们看，这里非常安静，离波德莱尔的墓地不远，我就知道他会上我们这里来的……”

“我们这里”指的是十九公顷的土地，自1824年始，就占据了巴黎南面的一大块空间。蒙帕纳斯公墓是巴黎市内第二大墓地，也是巴黎最大的绿地之一。在那儿，种植着榉树、枫树、崖柏、槐树；夏日，枝繁叶茂，绿树成荫，一条条小径安静肃穆，游人驻足停留，崇敬之情油然而生。让－保尔·萨特和西蒙娜·德·波伏瓦的墓地在二十区，从埃德加·基内大街上的正门进去，向右拐入第一条小径，便能到达那里。

附录

1905

6月21日，让－保尔·萨特出生在巴黎。

1906

他的父亲，海军军官让－巴蒂斯特·萨特死于在亚洲感染的猩红热。

1915

让－保尔·萨特进入亨利四世中学。

1916

4月26日，他的母亲与约瑟夫·曼希再婚，他是德罗奈－拜勒维勒工厂的工程师和负责人。

1917

举家搬到拉罗歇尔。萨特是个好学生，但被看成是一个既做作又会说谎的巴黎人。他的同学不容他，欺负他，他学会了自卫。

1920

萨特回到巴黎，进入亨利四世中学上一年级，后又转入路易大帝中学的预备班。他阅读陀思妥耶夫斯基、托尔斯泰的作品。保尔·尼赞介绍他认识了著名作家吉罗杜、纪德、莫朗等人。

1924

萨特进入法国高等师范学校，与雷蒙·阿隆、保尔·尼赞、莫里斯·梅洛－庞蒂来往密切。

1929

在哲学学位考试中拔得头筹，结识西蒙娜·德·波伏瓦，她在这场考试中获得第二名。

1931

萨特被任命为勒阿弗尔大学哲学教授。

1933

在柏林学院获得一个职位；见证德国纳粹的崛起。

1935

为了研究人的感知世界，萨特给自己打了一针毒碱。其结果是精神萎靡，伴以六个月以上的幻觉。

1937

萨特在法国努里任教授。

1938

《恶心》首版问世。

1939

《墙》出版。萨特成为巴黎圣日耳曼－代普雷大街上花神咖啡馆的常客。

1940

萨特没打一仗，却成了特雷夫市的第十二战俘集中营的囚犯。

1941

萨特把自己装扮成一个平民，成功逃脱。创办知识分子抵抗小组的刊物，名为《社会主义与自由》。

1943

《苍蝇》首次在城市剧院上演。由查理·杜林导演。会见阿尔贝·加缪。

1944

《禁止旁听》出版。

让－保尔·萨特重要的日子

1945
《现代》杂志诞生。萨特像加缪一样，拒绝接受荣誉勋位勋章。

1946
《死无葬身之地》、《存在主义是幽默主义》、《关于犹太问题的思考》和《毕恭毕敬的妓女》出版。

1947
《波德莱尔》出版；《状态》第一卷出版。萨特开始写剧本《游戏成功了》。

1948
《肮脏的手》首次在安托瓦剧院上演，获得巨大成功。

1949
萨特拒绝在禁止使用原子武器的斯德哥尔摩宣言上签字。“这是个错误。”他后来说道。

1951
加缪的《反叛者》出版，引起《现代》杂志成员的反感。由路易·儒飞导演的《魔鬼与上帝》一剧获得成功。

1952
萨特与加谬最终分手。《戏剧家、殉道者圣－热内》出版。

1954
与梅洛－庞蒂决裂。萨特首次访问苏联。

1956
萨特反对苏联入侵匈牙利，与法国共产党分道扬镳，但继续坚持他的马克思主义立场。《涅克拉索夫》出版。

1957
萨特奋力反对阿尔及利亚战争，强烈控诉酷刑。

1960
《辩证论批评》和《阿尔托纳的隐居者》出版。在反对法国军队在阿尔及利亚实施酷刑的《121宣言》上签字。

1963
自传体作品《文字生涯》刊登在《现代》杂志上。

1964
萨特拒绝接受诺贝尔文学奖。在皮埃尔·孟戴斯－弗朗斯和萨特的支持下，《新观察家》第一期问世。

1968
萨特支持五月的学生运动。

1971
关于福楼拜的随笔《家里的白痴》前二卷出版。

1973
萨特主编的《解放报》第一期问世，后因病，很快辞去领导职务。

1980
萨特于4月15日在布鲁塞医院逝世，葬在蒙帕纳斯公墓。

雷蒙·阿隆

法国社会学家和哲学家(1905－1983)。他取得哲学学位证书后，目睹了纳粹的纵火暴行，从此与专制政权势不两立。阿隆是技术官僚意识形态的象征，反马克思主义的斗士。他是《自由法国》、《战斗》、《现代》等报刊的编辑，也是1947年至1977年《费加罗报》的社论作者。他同时在法兰西学院任职。

早在巴黎高师求学时，他与萨特约定他俩之中活得更长的一个为对方写悼词，但萨特的马克思主义与阿隆的信念背道而驰，于是两人彻底决裂。

西蒙娜·德·波伏瓦

法国小说家、随笔作家(1908－1986)。存在主义的捍卫者。她的文学作品最初受美国技巧的影响，表达生存的偶然性与荒谬性。后来，她开始写传记文学，追忆了萨特。她的随笔《第二性》为争取当代妇女的权益开辟了道路，从而被载入史册。

西蒙娜·德·波伏瓦是在法国高师与萨特相识的。他俩是自由情侣、忠实的朋友。在萨特一生众多的“即兴式爱情”之间，她是萨特的“永久情人”。

西蒙娜·德·波伏瓦与萨特一直保持通信联系，在萨特去世后不久，她把这些书信付梓问世。

阿尔贝·加缪

法国小说家(1913－1960)。他作为记者也在《战斗报》工作过。他很快就摒弃了别人为他贴上的存在主义标签。他是当代文学最受欢迎的作家之一，如《局外人》、《鼠疫》、《坠落》等均拥有众多读者。四十五岁那年，他获得诺贝尔文学奖。

1944年，他与让－保尔·萨特相识。萨特希望他把自己的剧本《禁止旁听》搬上舞台。这是他俩友谊的开始，延续了七年。《反叛者》的出版引起存在主义信奉者的公愤，在由萨特主编的《现代》上刊登了一篇文章，狠狠地批判了加缪，他俩从此分手。

贝尼·莱维

法国作家、记者(1945–2003)。他加入共产主义左翼阵线，从毛主义中得到启发，建立无产阶级左翼联盟。他当了萨特长达七年的特别秘书之后，便学习希伯莱语，热衷于犹太教法典的研究。后来，他在以色列定居，发表了许多从勒维纳斯哲学中得到启发的随笔。

贝尼·莱维自1974年始，担当了萨特的特别秘书，在“萨特大家族”中备受争议。然而，他还是在《新观察家》上刊登了他与萨特的谈话录。由于萨特在与他的谈话中否定了自己思想形成的原创因素，遭到舆论的指责。

莫里斯·梅洛－庞蒂

法国哲学家(1908-1961)。梅洛－庞蒂处在两个哲学运动的十字路口，即胡塞尔的现象学和萨特的存在主义。他在政治上倾向于马克思主义，因此他的政治立场是左倾的，但又不赞同共产主义。他是在巴黎高师认识萨特的。自1945年起，他与萨特共同创办《现代》杂志，由于政治上的原因，他在1953年与萨特疏远，并于1961年离开了杂志的领导岗位。

保尔·尼赞

法国随笔作家和小说家(1905－1940)。他是坚定的共产党员。1930年，出版《亚当·阿拉比》，取得不凡的成绩。1939年应征参军，当他得知苏联与德国签订和平条约后，便离开了共产党。在德军入侵敦刻尔克的战役中牺牲。

保尔·尼赞在年轻时是萨特的朋友。在亨利四世中学，他俩是一对不可分割的伙伴。同学戏称他们为“尼特和萨赞”。他在学校鼓励萨特阅读保尔·瓦莱里、马塞尔·普鲁斯特、纪德的作品。他去世后，共产主义者说他是叛徒，萨特为他辩护。

波里斯·维昂

天才的玩家(1920－1959)。他既是工程师、音乐家、爵士乐评论家，又是词作家和歌唱家。1962年，即他死后的第三年，他的作品才受到读者的欢迎。起先是他的短篇小说集《我不想死》，随后是《红草》、《夺心机器》、《泡沫的时光》，这些作品愈来愈受到读书界的重视。

1946年，是雷蒙·格诺把波里斯·维昂介绍给萨特的。后来，波里斯·维昂定期为《现代》杂志撰写专栏文章，把自己姓名的字母换了另一个组合，署名为“快乐的比忠”。因政治信仰不同，维昂最终脱离了该杂志。

“我刚才坐在公共花园里。栗树的树根插进地下，就在我的座椅下面。我想到的不只是它的树根。文字消失了，同时消失的，还有事物的意义，它们的用处，人们在它们身上贴上的标签。我坐着，低头弯腰，只身面对这黑乎乎、疙疙瘩瘩的东西，绝对地原始，让我害怕。接着，我有所感悟了。我凝神屏气，在几天前，我从未感觉到‘存在’意味着什么。”

《恶心》

“人之所以称之为人，是因为他有想法。这个物质化的家伙永远超出他原来的生存状态；他通过劳动、行动，或者手势揭示、确定它的生存状态，并使它超越自己，从而使自己变成客观的存在。想法不该与意愿混淆，意愿是抽象的实体，尽管它在某些情况下能被披上主观的外衣。除去已有和已构建的因素以外，自身与自身而外之间直接的关系、通过劳动与实践对自身的不断再创造，这才是我们真正的结构。”

《辩证论批判》

“倘若人是原质的，也就无所谓恶意，坦诚也不会成为他的改善自身的理想。可是人是原质的吗？一般而言，当人有自身的意识时，又如何能是原质的呢？倘若坦诚和真诚具有普遍价值的话，不言而喻，他的格言‘人应该是原质的’就不仅仅作为判断和概念的调节的原则，并通过这判断与概念表达我是谁。这个格言不仅仅提出认知的理想，而是提出原本存在的理想，它向我们提示他的原本存在与他的绝对一致，是原质的一个标本。应该使我们成为原本的人。”

《存在与虚无》（第一部分第二章）

萨特作品节选

“当我们观察一样已经生产出来的东西时，譬如说一本书或是一把裁纸刀，这件东西是由一个工匠制造出来的，他先有了一个想法，有了裁纸刀的概念，参照了原先制造的技术，这是总的概念的一部分，本质上是一种方法。这样，裁纸刀既是用某种方法制造出来的东西，也是有特定用处的东西；我们不可设想一个人制造出裁纸刀而不知道它有什么用。因此，我们可以说，裁纸刀的本质是产生它、确定它的方法与能力的总和，它存在于‘存在’之前……我们由此对世界也产生了一个技术性的视野，从而可以说制造先于存在。”

《存在主义是一种人道主义》

“想被爱的人不希望被爱的人屈从。他不愿意变成一种机械的、过度的激情的对象。他不愿占有一个木偶……但另一方面，他也不会在自由介入和志愿这样所谓自由的卓越形式下得到满足。谁会满足一种山盟海誓后献身的爱情呢？听对方对你说：‘我爱你是因为我自觉自愿地爱你，我不会反悔；我爱你是出于对自己的忠诚。’谁又能接受呢？所以说，情人要听誓言，又怕听誓言。他希望对方自由地爱，又希望自由的本身不是自由的。他既希望对方自由本身转变成的爱情——不是初交出于冲动，而是无时无刻；又希望这种自由被自身俘获，又回到它本身，如痴如狂，仿佛在梦中，他要的是这种猎物。而这种猎物应该可以自由放逐，而同时又被掌握在我们手中。在爱情中，我们需要对方的，不是感情决定论，也不是不能触及的自由，而是在玩感情决定论，又被感情决定论所玩的自由。”

《存在与虚无》（第三部分第一章）

爱情

“爱情的本质是想被爱。”

（《存在与虚无》）

“爱的愉悦存在时，它的本质是：感到自己被证实是存在的。”

（《存在与虚无》）

“欲望是令人着迷的行为。”

（《存在与虚无》）

“欲望由爱抚表达，思想由语言表达。”

（《存在与虚无》）

死亡

“您想知道我告诉你，为什么你不怕死吗？因为你们之中的每一个人都觉得死亡会降临到旁边人身上。”

（《魔鬼与上帝》）

“倘若没找到目标就接受死亡，就不是真正的人。”

（《理性的年龄》）

“死亡，就是被生者折磨。”

（《存在与虚无》）

“可怕的不是痛苦，不是死亡，而是无谓地死去。”

（《状态》第三卷）

文学

“世界完全可以不要文学，但不要人更好。”

（《文学是什么？》）

“一本书只是一堆干纸；阅读它，便成了伟大的运动形态。”

（《状态》）

“别相信文学。应该秉笔直书，别搜寻文字。”

（《恶心》）

“在我们认识我们的思想之前，文字已经把它喝干了。”

（《状态》）

“所谓知识分子就是管别人闲事的人。”

（《为知识分子辩护》）

宗教

“一个宗教信仰者，永远是一个想忘记某件事的人。”

（《状态》）

“上帝沉默不语，就可以让他说你想说的话。”

（《魔鬼与上帝》）

让－保尔·萨特的名言

自由

“他们把我们变成什么之后，总可以又做些什么。”

（《存在主义是一种人道主义》）

“所谓自由，不是有能力去实现你的志愿，而是愿意实现你能做的事。”

（《存在主义是一种人道主义》）

“即便我们像石头一样沉默无语，我们的被动本身也是一种行动。”

（《存在主义是一种人道主义》）

“人活着的唯一价值，是行动。”
（《存在主义是一种人道主义》）

生命

“生命，就是在着火的舞台上惊慌失措。”

（《涅克拉索夫》）

“存在先于本质。”

（《存在主义是一种人道主义》）

“生命愈荒诞，死亡愈难受。”

（《文字生涯》）

“任何存在的产生没有理由，因虚弱而延续，因偶然而死亡。”
（《恶心》）

道德

“在其他为达到目的的手段之中，暴力不是一种手段，而是为达到目的不择手段的一种有意识的选择。”

（《一种道德的手册》）

“权利只是义务的另一面。”

（《恶心》）

“世界令人不安：倘若你接受，你是同谋；倘若你改变它，你是凶手。”

（《魔鬼与上帝》）

他人

“他人，就是另一个人。换句话说，我非我。”

（《存在与虚无》）

“当别人看你时，你看到的不是美丑，而是颜色。”

（《存在与虚无》）

“最大的罪恶不是做坏事，而是表现出来。”

（《戏剧家、殉道者圣＝热内》）

“要在我身上得到任何一个真理，我得通过别人。”

（《存在主义是一种人道主义》。）

“不需要火刑：他人即地狱。”

（《禁止旁听》）

从萨特作品改编的电影

- 《肮脏的手》（1951）

法国电影，导演费尔南·李非和西姆纳·贝里奥；主要演员：达尼埃勒·热林（饰雨果·巴里纳）、皮埃尔·布拉瑟（饰奥德雷）。
黑白片，103分钟。

- 《毕恭毕敬的妓女》（1952）

法国电影，导演夏尔·布拉邦、马尔塞罗·巴莱罗；主要演员：巴尔巴拉·拉热（饰里基·马凯）。
黑白片，75分钟。

- 《禁止旁听》（1954）

法国电影，导演雅克琳·奥德里；主要演员：阿尔莱蒂（饰以内斯）、弗兰克·维拉尔（饰加尔西亚）。
黑白片。

- 《凯恩》（1956）

意大利电影，导演维托里奥·加斯曼、弗朗塞斯克·罗西；主要演员：维托里奥·加斯曼（饰凯恩）。
彩色片。

- 《埃斯特罗斯特拉图斯》（1958）

美国短片，导演约塞夫·玛尔扎罗。

- 《禁止出门》（1962）

由《禁止旁听》改编。美国－阿根廷电影，导演泰特·达尼埃尔斯基；主要演员：维夫卡·林福尔（饰伊内兹）、摩根·斯泰尔讷（饰加尔辛）。
黑白片，85分钟。

- 《阿尔托纳的隐居者》(1962)

法国－意大利电影，导演维托狄奥·德·西卡；主要演员：索菲娅·罗兰（饰约阿娜）、罗伯特·瓦格纳（饰维尔纳·冯·热尔拉克）。
黑白片，114分钟。

- 《墙》（1964）

法国电影，导演塞尔热·罗来；主要演员：米歇尔·戴尔卡斯蒂罗（饰巴布罗）、戴尼·马费（饰汤姆）。
黑白片，91分钟。

- 《埃拉斯特罗》（1978）

墨西哥短片，导演费雷蒂·夏拉巴蒂。
彩色片，18分钟。

• 《墙》（1991）

苏联电影，导演扎札·布阿兹；主演：朱拉·吉布西兹、拉马兹·克伊克瓦兹。
彩色片，90分钟。

• 《隐私》（1994）

法国电影，导演多米尼克·摩尔；主要演员：克里斯蒂娜·布鲁歇（饰吕西）、娜塔莉·克莱布斯（饰弗朗索瓦）。

从萨特的剧本改编的电影

很少有人知道，萨特在法国解放后，曾通过制片人帕代的介绍，从事过电影剧本创作。他写过十几个电影剧本，反映了人的不同命运。其中只有一本被搬上了舞台，那就是《迪夫斯》，后改名为《骄傲的人》。这部电影反响平平，萨特很沮丧，拒绝把他的名字放在片头上。这位学哲学的电影剧作家还改编过亨利·米勒的剧本《萨莱姆的女巫师》，为约翰·休斯顿写过一个电影剧本。由于这个剧本长达八个多小时，后被大大缩短了。

• 《既成事实》（1947）

法国电影，导演让·德拉诺伊；主要演员：米希利纳·普莱斯勒（饰爱娃·夏尔利埃）、马尔赛罗·帕格利埃罗（饰皮埃尔·杜曼纳）。
黑白片，105分钟。

• 《骄傲的人》（1953）

法国－意大利电影，导演伊夫·阿莱格雷、拉法埃尔·普尔塔斯；主要演员：米歇尔·摩根（饰奈利）、热拉尔·菲利浦（饰乔治）。
黑白片，103分钟。

• 《萨莱姆的女巫师》（1957）

法国－东德电影。主要演员：西莫娜·西尼奥雷（饰伊丽莎白）、伊夫·蒙当（饰约翰）。
黑白片，145分钟。

• 《情种弗洛伊德》（1962）

美国电影，导演约翰·休斯顿；主要演员：蒙哥马利·格里夫（饰弗洛伊德）。
黑白片，139分钟。

长篇和短篇小说

《恶心》(1938)：一个人在一个陌生的城市里闲逛，突然感到一阵莫名的不适，领悟到人类生存条件整个儿是荒谬的。这是萨特的代表作，他在作品里表达了他的第一个哲学命题：解除受约束的个人主义。

《墙》(1939)：包括五个短篇小说，按照萨特的说法，都是一些或喜或悲的人生失败的小故事。

《自由之路》(1945)：由三部小说《痛心疾首》、《理性的年龄》、《缓期执行》串联组成，最后一部始终没有完成。

剧本

《苍蝇》(1943)：由萨特改编的希腊神话故事。通过奥雷斯特的悲剧命运，萨特向在法西斯铁蹄下的法国表明，自由之路来之不易。

《禁止旁听》(1945)：两个男人和一个女人被终身关在一个丑陋的客厅里。在这个剧本里，有一句哲学家的千古名言："他人即地狱"。

《死无葬身之地》(1946)：萨特描写在第二次世界大战中各式人等面对酷刑的态度，其中有抵抗者、合作者、牺牲者、刽子手。

《肮脏的手》(1948)：通过战后两个年轻共产党员相反的立场，萨特提出在政治介入中行动与道德领域的问题。

《魔鬼与上帝》(1951)：关于某个游击队员和痛苦的无政府主义者的故事。照萨特的说法，他们摧毁了人类的生命，但没有影响社会和社会基础。他们所做的一切，最终只能使掌权者得益，这使他们陷入深深的苦恼之中。

《凯恩》(1954)：萨特从大仲马的剧本改编的，关于莎剧演员埃德蒙·凯恩的故事。这个喜剧演员沉迷在赌博之中失去自我，坠入万丈深渊，悲惨终了一生。

萨特主要作品提要

随笔

《想象》(1936)：自笛卡尔以来对想象的诸多理论的分析与批判。

《存在与虚无》(1943)：存在主义的经典教科书。关于意识与自由之间的关系发人深思。

《存在主义是一种人道主义》(1945)：收入萨特思想及其主要内容，诸如烦躁、责任和欺骗的鞭辟入里的导言。

《波德莱尔》(1947)：从文学角度对这位著名诗人的研究。

《戏剧家、殉道者圣－热内》(1952)：哲学家颂扬圣－热内，他是他生活时代的游民和诗人，亦是反社会准则的叛逆的同性恋者。

《状态》(1947–1965)：收进萨特关于哲学、历史、文学等的系列文章。

《家里的白痴》(1971－1972)：关于福楼拜的三卷本长篇随笔。许多人认为是萨特最成功的一部作品。书中分析了小说家与其作品的关系。

《一种道德的手册》(1984)：收集哲学家未完成的笔记和文章，按作者的遗愿，在他死后发表。

自传与通信

《文字生涯》(1960)：萨特讲述自己青年时代的一本自传，嘲讽自己如何会选择文学道路的。他通过这部作品，鞭笞了所有写作至上的绝对化观点。

《寄语海狸》(1940－1963)：收集了萨特给西蒙娜·德·波伏瓦以及在他一生中产生影响的其他女人的信。

（京权）图字：01－2006－5680

图书在版编目（CIP）数据

千面人萨特/（法）里夏尔丹著；韩沪麟译．－北京：作家出版社，2006.10

ISBN 7－5063－3789－4

Ⅰ．千… Ⅱ．①里… ②韩… Ⅲ．萨特，J. P.（1905～1980）－传记 Ⅳ．B655.53

中国版本图书馆 CIP 数据核字（2006）第117673号

原书名：Les mille visages de Sartre
作者名：Sophie Richardin

千面人萨特

作者：（法）索菲·里夏尔丹
译者：韩沪麟
责任编辑：启　天　黄国弋
装帧设计：视觉共振
出版发行：作家出版社
社址：北京农展馆南里10号　　**邮码**：100026
电话传真：86－10－65930756（出版发行部）
86－10－65004079（总编室）
86－10－65389299（邮购部）
E－mail：**zuojia@zuojia.net.cn**
http://www.zuojia.net.cn
印刷：北京中科印刷有限公司
开本：800×1240　1/32
字数：60千
印张：4.25　　**插页**：2
版次：2006年10月第1版
印次：2006年10月第1次印刷
ISBN　7－5063－3789－4
定价：20.00元